무심코 댓글을 달았던 십대에게

무 심 코 댓글을 달았던 십 대 에 게

온라인 괴롭힘은
어떻게 죄가 될까?

송시현,
현서유 지음

주니어태학

책을 내며

사람은 사회적 동물이라고 하지요. 혼자가 아닌 다른 사람과 어울려 살아갈 수밖에 없다는 얘기입니다. 요즘은 핸드폰만 열면 다른 사람들과 쉽게 연결됩니다. 최근에는 메타버스라는 가상 공간까지 생겼지요. 접속할 수 있는 공간이 아주 많아졌습니다.

문제는 연결되고 싶지 않을 때도 연결될 수 있다는 거예요. 누가 자꾸 괴롭혀 연락을 끊고 싶은데, 심지어 전학을 가도 인터넷으로 나를 금방 찾아낼 수 있다는 것입니다. 실제로 학교 폭력은 물리적인 폭력을 넘어 SNS를 비롯한 사이버 공간으로 이어집니다. '카톡 감옥'이 대표적인 예지요. 단체 카카오톡방(이하 단톡방)을 연 후 피해 학생을 끊임없이 초대해서는 괴롭히는 것입니다. 수치스러운 사진, 개인 정보를 퍼뜨리고 모욕적인 말까지 든게 하지요. 피해자들은 괴롭힘에서 벗어나려고 스스로 생을 마감하려는 경우도 있습니다.

법이 개입할 수밖에 없는 배경이지요. 하지만 사이버 공간에서 벌어지는 괴롭힘은 대부분 명예훼손죄나 모욕 죄로밖에 처벌할 수 없는 한계가 있습니다. 씁쓸하고 슬 픈 현실입니다.

이 책에선 저희가 직접 맡았거나 자주 일어나는 사건 들을 뽑아 명예훼손죄, 모욕죄가 무엇이고, 어떤 경우에 가해자를 처벌할 수 있는지 얘기합니다. 명예훼손죄, 모 욕죄는 빌려 간 돈을 안 갚는 경우처럼 명확한 것이 아 니라서 그 판단이 쉽지는 않아요. 주관적인 감정과 관련 된 것이어서지요. 그럼에도 내가 피해자가 될 수도, 가해자가 될 수도 있는 일이니, 내 권리를 주장하거나 타인의 권리를 침해하지 않기 위해서라도 꼭 알아 두어야 할 내용이라고 생각합니다. 서로 더 존중하며 사는 사회가 되면 좋겠습니다.

차례

3장. 명예훼손, 모욕을 당했다면 이렇게 하세요!

1장.

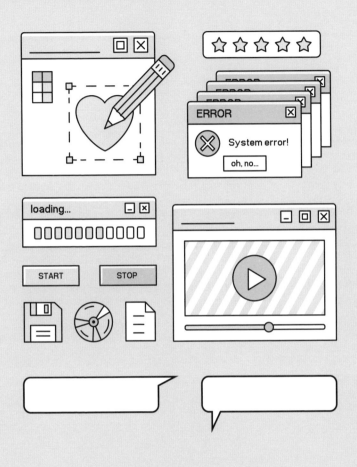

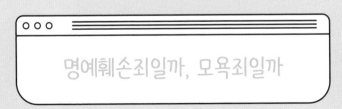

명예훼손죄일까, 모욕죄일까

촉법소년이면
처벌 안 받는다고요?

야야 ㄱㅁㅅ
걔 완전 성괴라여?

걔 내가 작년에 같은 반이었는데
완전 다 고쳤어. 눈, 코 다 했어.
근데 지가 안 했다고 하더라?

성형했는데 그렇게 빻은 거야?

야 나도 ㄱㅁㅅ 이랑 같은 반이었
는데, 걔 성형한 거 아니야.
살 빠진 거야.

친구들과 이런 말 자주 나누나요? 만약 당사자가 이 글을 봤다면 마음이 어떨까요? 이 글을 본 친구 중에는 너무 화가 나 법대로 하려는 친구도 있을지 모릅니다. 그 경우, 어떤 법을 위반해서일까요? 명예훼손죄? 아니면 모욕죄?

| 촉법소년이란? | 🔍 |

잠깐, 청소년이면 법대로 못한다고요? 아니에요. 만 14세부터는 법대로 처벌할 수 있어요. 10세부터 14세 미만까지는 '촉법소년'이라고 해서 형사처벌을 하지는 않

아요. 하지만 이 시기에도 보호처분이라는 벌을 받을 수 있어요. 이렇게 보면 10세부터는 어떤 형태로든 벌을 받을 수 있다고 할 수 있지요.

촉법소년을 두는 이유가 있습니다. 촉법소년觸法少年은 '법으로 처벌하기엔 나이가 어리다'는 뜻이에요. 왜일까요? 이 나이에서는 처벌보다는 교육을 통해 바로잡는 것이 낫다고 판단해 처벌하지 않는 것입니다.

그렇다고 해서 잘못을 계속 눈감아 주는 건 아닙니다. 보호처분을 합니다. 보호처분은 소년원에 가거나 사회봉사, 교육 등을 받게 하는 것을 말하는데요, 아래와 같이 1~10호로 나뉩니다(소년법 제32조 제1항).

넷플릭스에서 방영돼 화제가 된 드라마 〈소년심판〉을 보면 촉법소년이 범죄를 저질렀을 경우에 어떤 처분을 받는지, 보호처분에는 어떤 종류가 있는지를 선명하게 알 수 있습니다.

1. 보호자 또는 보호자를 대신하여 소년을 보호할 수 있는 자에게 감호 위탁
2. 수강명령
3. 사회봉사명령

4. 보호관찰관의 단기短期 보호관찰

5. 보호관찰관의 장기長期 보호관찰

6. 「아동복지법」에 따른 아동복지시설이나 그 밖의 소년보호시설에 감호 위탁

7. 병원, 요양소 또는 「보호소년 등의 처우에 관한 법률」에 따른 의료재활소년원에 위탁

8. 1개월 이내의 소년원 송치

9. 단기 소년원 송치

10. 장기 소년원 송치

여기서 3호 처분은 14세 이상, 2호와 10호 처분은 12세 이상에게만 할 수 있습니다. 이렇게 처벌을 구분한 이유는 소년의 품행을 바로잡는 데 이 방법이 적절하고 실효성 있다고 보아서입니다. 즉 3호 사회봉사명령은 말 그대로 장애인 요양 기관이나 노인 요양원 등에서 봉사 활동을 하도록 하는 것인데, 14세 이상 정도는 되어야 이를 수행할 수 있다고 본 것이지요. 2호 수강명령은 소년의 성품, 행실을 개선하기 위해 교육이나 상담을 받도록 하는 것, 10호 장기 소년원 송치는 2년 이내의 소년원 송치를 의미하는데요. 2호와 10호 역시 12세 이상은 되

어야 실효성 있는 처분이 된다고 본 것이지요. 보통 10호를 가장 큰 처분으로 봅니다.

그럼, 14세부터는 어떻게 될까요?

실제 이런 사건이 있었습니다. 고등학생 A는 학교 친구들에게 B가 성범죄자라고 거짓말을 퍼뜨렸습니다. B는 큰 고통을 겪었고, 결국 A를 명예훼손으로 고소합니다. A는 19세, 즉 성인이 되자마자 바로 처벌을 받았습니다. 벌금 100만 원에, 집행유예* 1년이었습니다.[2]

이 경우는 성인이 돼서 처벌받았지만, 14세부터는 형사처벌을 받을 수 있다는 점 명심하세요!

| 손해배상도 할 수 있다 |

그런데 문제는 형사처벌만이 아닙니다. 피해자의 정신적 고통에 대해 손해배상을 해야 할 수도 있습니다. 우리나라는 미성년자를 18세까지로 보는데, 미성년자들의 경우에는 자신의 행위에 대해 책임을 인식할 만한 능력이 있으면 손해배상 책임이 인정될 수 있고[3], 감독의무자인 부모의 감독 의무가 인정되는 경우에는 부모

가 대신 손해배상을 해야 합니다. 미성년자란 성인이 아니란 뜻이에요.

집행유예

집행유예는 형 집행을 유예 즉, 미루는 것을 말합니다. 유죄이지만 형 집행은 미루겠다는 뜻입니다. 3년 이하의 징역이나 금고 또는 500만 원 이하의 벌금형을 선고할 경우에 할 수 있어요. 정상참작 사유가 있어야 하고, 전과가 있다면 금고 이상의 형을 선고한 판결이 확정된 때부터 그 집행이 종료되거나 면제된 후 3년이 지나야 해요.

여기서 정상참작이란 재판관이 범죄의 사정事情을 헤아려서 형벌을 가볍게 하는 일을 말해요. 예를 들어 초범인 경우(처음으로 범죄 행위를 한 경우), 피해자가 처벌을 원하지 않는 경우도 정상참작 사유에 해당합니다. 금고는 징역처럼 교도소에 수감되는 것은 같은데 노역을 하지 않는다는 점이 다른데요, 양심수·정치범 등 명예를 존중할 필요가 있는 이들에게 주로 선고되는 형벌이에요.

범인의 나이, 성품과 행실, 지능과 환경, 피해자와의 관계, 범행 동기, 범행 수단과 결과, 범행 후 정황 등을 이리저리 고려해서 그럴 만한 사유가 있는 때에 1년 이상, 5년 이하의 기간 동안 형의 집행을 유예할 수 있습니다(형법 제62조).

손해배상은 법을 위반해서 다른 사람에게 손해를 끼친 경우 그 손해가 없었을 때와 같은 상태로 돌려놓는 것을 말합니다. 손해배상 방법은 크게 세 가지예요. 돈으로 배상하거나, 원래 상태로 돌려놓거나, 사죄를 하는 것이지요. 보통 손해배상 하면 돈으로 배상하는 것을 뜻합니다.

　중학생 C는 1년 후배 D를 폭행했다가 고소당합니다. 그러자 이런 내용을 SNS에 올리면서 D를 욕합니다. 이 글을 읽은 C의 친구들이 D를 비난했습니다. D는 C를 명예훼손죄로 고소하고, 손해배상 청구도 하지요. 법원은 명예훼손죄를 인정하고 손해배상도 하라고 판결합니다. 부모님도 공동으로 책임을 지게 했고요.[4]

　고등학생 E는 한 인플루언서에 대해 인터넷 게시판에 허위 사실을 올려 고소를 당합니다. 얼굴을 다 뜯어고쳤다고 한 것이지요. E는 고소를 당했고, 피해자와 합의해 겨우 형사처벌을 면합니다. 합의금 몇백만 원을 주는 선에서 마무리된 것이죠.

명예훼손죄가
뭘까?

먼저, 명예훼손죄와 모욕죄는 어느 법에 들어 있을까요? 명예훼손죄는 형법과 정보통신망 이용촉진 및 정보보호 등에 관한 법률(줄여서 '정보통신망법'이라고 한다. 이하 정보통신망법)에 있고, 모욕죄는 형법에 있습니다. 사이버 공간에서 벌어지는 명예훼손은 정보통신망법에 근거해 처벌하고, 그 외의 명예훼손은 형법을 토대로 처벌한다고 보면 되지요.

'사이버 모욕죄'는 사이버 공간에서 공연히 사람을 모욕하는 범죄인데요, 정보통신망법에는 모욕죄에 대응하는 규정이 없어, 정보통신망을 통해 모욕을 당한 경우에는 형법 제311조 모욕죄를 적용하게 됩니다.

제311조(모욕) 공연히 사람을 모욕한 자는 1년 이하의
징역이나 금고 또는 200만원 이하의 벌금에 처한다.

이후의 사례들을 통해 어떻게 법이 적용되는지 찬찬히 알아볼게요. 이 책에선 온라인 괴롭힘 사건을 주로 다루기 때문에 명예훼손의 경우 정보통신망법에 근거해 설명하게 될 것입니다.

명예란?	🔍

먼저 명예훼손죄를 알아봅시다. 명예훼손에서 '명예'란 무엇일까요?

명예는 객관적인 개념과 주관적인 개념으로 나눌 수 있습니다. 객관적인 개념은 다시 내적 명예와 외적 명예로 나눕니다. 내적 명예는 명예 그 자체를 말하는데요, 타인이나 나의 평가와는 별개로 인간이라면 가지고 있는 명예입니다. 누군가에게 침해당할 수 있는 것이 아니지요. 반면 외적 명예는 한 개인에 대한 사회적 평가를 의미합니다.

주관적인 개념은 '명예 감정'으로 정의합니다. 명예 감정은 자신에 대한 주관적인 평가나 자신의 감정을 말합니다. 예를 들어 누가 보더라도 나를 칭찬하는 말인데, 그 말에 나는 기분이 나빴다면 그것은 단순히 주관적인 명예 감정이 상한 것에 불과한 것이지요. '기분이 나쁜' 원인은 사람마다 달라서, 자신의 감정이 잘잘못을 판단하는 기준이 되기는 어렵습니다.

평판이 나빠졌나요? 🔍

이러한 명예들 중 명예훼손죄가 성립하는 명예는 객관적 명예 중 '외적 명예'예요. 외적 명예는 그 사람에 대한 사회적 평가를 말하니, 명예훼손죄는 사회적 평가가 떨어지지 않게 보호하는 역할을 한다고 볼 수 있습니다.

명예를 지킬 권리는 헌법 제10조에서 보장하고 있습니다.

모든 국민은 인간으로서의 존엄과 가치를 가지며, 행복을 추구할 권리를 가진다. 국가는 개인이 가지는 불

가침의 기본적 인권을 확인하고 이를 보장할 의무를
진다.

| 사실 또는 허위 사실을 적시했나요? Q

그렇다면 우리 법에서는 명예훼손을 어떤 범죄로 규
정하고, 어떻게 처벌할까요? 형법 제307조에 따르면 명
예훼손은 다음과 같은 범죄입니다.

제307조(명예훼손)

① 공연히 사실을 적시하여 사람의 명예를 훼손한 자
는 2년 이하의 징역이나 금고 또는 500만원 이하
의 벌금에 처한다.

② 공연히 허위의 사실을 적시하여 사람의 명예를 훼
손한 자는 5년 이하의 징역, 10년 이하의 자격정지
또는 1천만원 이하의 벌금에 처한다.

즉 명예훼손은 사실 혹은 허위 사실을 적시하여 다른
사람의 명예를 공연히 훼손하는 범죄입니다. 허위 사실

은 '진실하지 않은 사실'을 말하는데요, 우리 법에서는 적시된 내용이 진실과 약간 다르거나 다소 과장된 표현이 있는 정도에 불과하다면 허위 사실로 보지 않지만, 중요한 부분이 객관적인 사실과 맞지 않는다면 허위 사실로 봅니다.[5]

공연성이 있나요?

내가 글로 쓴 것이 진실이든 거짓이든 누군가에 대해 얘기를 했고, 그것을 불특정 다수가 알면 명예훼손을 한 것이 될 수 있습니다. 비록 한 사람에게만 사실을 알렸어도 불특정 다수에게 전파될 가능성이 있다면 명예훼손이 되고, 전파될 가능성이 없었다면 명예훼손이 되지 않을 수 있습니다.[6]

한편, 여기서 '사실 적시*'란 반드시 사실을 직접 표현한 경우만 말하지 않습니다. '의견'이나 '논평'이라는 간접적이고 우회적인 방법을 썼더라도 그 표현이 전체 맥락에서 봤을 때 어떤 사실의 존재를 암시하고 또 이로 인해 특정인의 사회적 가치가 떨어질 가능성이 있다면, 명예

훼손죄가 성립한다고 봅니다.[7]

또한 여기에서 '전파될 가능성'은 실제로 불특정 다수의 사람이 현실적으로 알 수 있느냐 없느냐가 아니라 알 수 있는 가능성이 있는지를 보고 판단합니다. 만일 알게 될 가능성이 있다면 명예훼손이 될 수 있는 것이지요.

피해자와 친한 친구에게 피해자의 험담을 한 경우라면 피해자에 대한 험담을 불특정 다수에게 퍼뜨리지 않을

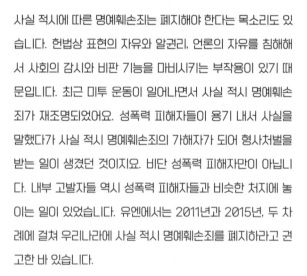

사실 적시 명예훼손

사실 적시에 따른 명예훼손죄는 폐지해야 한다는 목소리도 있습니다. 헌법상 표현의 자유와 알권리, 언론의 자유를 침해해서 사회의 감시와 비판 기능을 마비시키는 부작용이 있기 때문입니다. 최근 미투 운동이 일어나면서 사실 적시 명예훼손죄가 재조명되었어요. 성폭력 피해자들이 용기 내서 사실을 말했다가 사실 적시 명예훼손죄의 가해자가 되어 형사처벌을 받는 일이 생겼던 것이지요. 비단 성폭력 피해자만이 아닙니다. 내부 고발자들 역시 성폭력 피해자들과 비슷한 처지에 놓이는 일이 있었습니다. 유엔에서는 2011년과 2015년, 두 차례에 걸쳐 우리나라에 사실 적시 명예훼손죄를 폐지하라고 권고한 바 있습니다.

가능성이 높으므로, 공연성이 인정되지 않을 수 있습니다. 공연성은 '불특정 다수가 인식할 수 있는 상태'를 뜻합니다. 하지만 개별적으로 소수의 사람에게 사실을 적시했더라도 그 상대방이 불특정 다수에게 적시된 사실을 전파할 가능성이 있는 때에는 공연성이 인정됩니다.

〈사례 ⓪〉도 공연성이 인정되는 경우입니다. 단톡방에 올리면, 불특정 다수에게 전파될 가능성이 크니까요. 또 B는 "내가 작년에 같은 반이었는데 완전 다 고쳤어. 눈, 코 다 했어"라고 구체적으로 사실을 말했습니다. B의 말은 진실일 수도 거짓일 수도 있기 때문에, 여기서 B는 진실과 거짓을 다 말했다고 볼 수 있는데요. 진실을 말했다면 명예훼손죄가 되지 않을까요? 그렇지 않습니다. 형법 제307조를 다시 볼까요? 제1항에서는 진실을 말했더라도 2년 이하의 징역이나 금고, 또는 500만 원 이하의 벌금 처벌을 받을 수 있다고 되어 있습니다.

제2항에서는 허위 사실을 말한 경우를 규정하고 있는데, 진실한 사실을 말한 경우보다 더 높은 5년 이하의 징역, 10년 이하의 자격 정지 또는 1천만 원 이하의 벌금이라는 처벌을 받을 수 있다고 되어 있습니다.

D의 말에 따르면 B는 허위 사실을 말했을 가능성이

큽니다. 그렇다면, 제2항이 적용되어 더 중한 처벌을 받게 될 수 있습니다.

지금까지 내용을 종합하면 명예훼손죄는 (1) 공연히 (2) 사실 또는 허위 사실을 적시하여 (3) 피해자의 사회적 평가, 즉 외부적 명예를 떨어뜨렸을 때, 즉 이 세 가지 요건을 갖추었을 때 성립한다고 볼 수 있지요.

험담도 표현의 자유?

민주주의 사회에는 표현의 자유가 있습니다. 표현의 자유는 왜 있고, 중요할까요? 홍성수 교수(숙명여대 법학부)는 표현의 자유가 중요한 이유를 세 가지로 짚어 줍니다.

첫째, 표현을 한다는 것은 인간의 가장 기본적인 본성이며, 표현의 자유는 인간의 당연한 권리이다. (…) 둘째, 표현의 자유는 다른 권리가 보장되기 위한 전제 조건이다. 어떤 권리가 위협을 받을 때, 우리는 그 권리를 지키기 위해 싸운다. 그 투쟁의 첫 출발점은 바로 나의 권리를 대외적으로 말하고 연대를 호소하는 것이다. (…) 셋째, 표현의 자유는 어떤 국가나 공동체의 발전 수준을 평가하는 바로미터 역할을 한다. 어떤 공동체에서 표현의 자유가 보장되어 있다는 것은 그만큼 여러 다양한 의견들이 공존할 수 있다는 것이며, 다양성이 존중된다는 것을 뜻한다.[8]

하지만 표현의 자유는 무조건 보장되는 권리가 아닙니다. 타인의 명예나 권리, 공중도덕이나 사회윤리, 국가의 안전보장이나 치안 질서를 침해하는 경우에는 보호받을 수 없습니다.

명예를 훼손하는 표현이 표현의 자유로 인정되더라도, 사람의 외적 명예를 훼손할 수 있는 사실을 공연히 표현하면 그 사람의 사회적 가치는 떨어지고, 그로 인해 사회 구성원으로서 생활하고 발전해 나갈 가능성이 낮아집니다. 설령 진실한 사실이더라도 명예를 훼손하는 표현은 한 개인의 인격을 회복할 수 없는 지경으로 몰아갈 위험이 크지요. 더욱이 우리 사회는 명예와 체면을 아주 중요시합니다. 그 때문에 명예훼손 피해자 중에는 극단적인 선택을 하는 경우도 있습니다. 우리 사회가 표현의 자유를 보장하면서도 명예를 훼손하는 표현을 규제하는 배경에는 이런 우리 사회만의 특수성이 있습니다.

특히 출판물, SNS 등 정보통신망에서 일어나는 명예 훼손은 전파력이 강하고 파급 효과도 클 수 있습니다. 이런 매개체에서 명예가 훼손되면 완전히 회복하기 어려울 수 있어서 더욱 강하게 규제하는 측면이 있지요.

〈사례 ⓪〉에서 A, B, C는 친구의 명예를 훼손했습니다. 친구가 성형 수술을 했다는 허위 사실을 퍼뜨리고, '성형 괴물'이라며 흉도 봅니다. 이런 말들은 명백히 그 친구의 명예를 훼손한 것이라서 보호받을 수 없는 '표현'인 것입니다.

다른 나라에도 명예훼손죄가 있나요?

우리나라뿐 아니라 미국, 독일, 일본 등 다른 나라에도 명예훼손죄가 있습니다. 나라별로 어떻게 다른지 살펴볼까요.

미국

미국에서는 명예훼손을 하면 대부분 형사처벌을 하지 않고 민사상 손해배상 책임만 인정하고 있어요. 17개 주가 주법에 형법상 명예훼손죄를 두고 있지만, 실제 기소는 매우 드뭅니다. 1965년부터 2007년까지 42년 동안 미국 전역에서 일어난 명예훼손 기소는 모두 99건에 불과했어요. 명예훼손은 주법에 따르기 때문에 명예훼손에 관한 구체적인 내용은 주마다 조금씩 다른데, 대부분 허위 사실에 대해서만 명예훼손으로 보고, 진실한 사실은 명예훼손으로 보지 않습니다.

독일에서 명예훼손죄는 적시된 사실이 진실임을 입증하지 못하거나 허위인 경우에 성립합니다. 진실한 사실을 적시한 경우에는 명예훼손죄가 성립하지 않는 거지요(독일 형법 제186조, 제187조).

특히 독일 형법은 특수한 행위를 정당화하는 사유를 규정해 두고 있어요. 즉 학문적, 예술적, 영업상 업적에 대한 비평, 권리를 행사·방어하거나 정당한 이익을 옹호하기 위해 행해지는 발언 등은 발언 형식이나 행위가 이루어진 상황에 비추어 명예훼손이 성립하는 경우에만 처벌하도록 함으로써 개별 사안마다 표현의 자유와 개인의 명예권을 비교형량 하도록 하고 있습니다(제193조). 비교형량은 이익형량이라고도 하는데, 서로 충돌하는 기본권의 법익을 비교하고 판단하여 결정하는 일을 말해요. 예를 들면 명예훼손은, 표현의 자유와 인격권이 충돌할 수 있는 사안인데요, 독일에서는 표현의 자유와 개인의 명예를 놓고 사안마다 우선순위를 달리한다는 것입니다. 독일은 명예훼손죄를 친고죄로 정하고 있어요(제194조). 즉 명예훼손을 당한 사람이 신고해야 한다는 거지요.

일본

일본에도 명예훼손죄가 있습니다. 형법 제230조 제1항에서 "공연히 사실을 적시하여 사람의 명예를 훼손한 자는 그 사실의 유무에 관계없이 3년 이하의 징역이나 금고 또는 50만 엔 이하의 벌금에 처한다"고 규정하고 있습니다. '사실'의 범위에는 우리나라처럼 진실한 사실도 포함됩니다. 다만, 형법 제230조의2 제1항에서는 "전조 제1항의 행위가 공공의 이해에 관한 사실과 관련되고, 또한 그 목적이 오로지 공익을 도모함에 있었다고 인정되는 경우에는, 사실의 진부를 판단하여 진실임의 증명이 있었을 때는 이를 벌하지 아니한다"고 예외를 두고

있지요. ① 사실의 공공성, ② 목적의 공익성, ③ 사실의
진실성 증명이라는 세 가지 요건을 충족한 경우에는 명
예훼손죄로 보지 않는다는 것이지요. 특히, 공무원이나
공직 선거 후보자에 관한 것일 경우 직접적으로 공공의
이익에 관한 것이 아니더라도, 진실성에 대한 증명이 있
다면 처벌하지 않는 것으로 요건을 완화했습니다(제230
조의2 제1항).

일본의 명예훼손죄 조항은 거의 효력을 잃었는데,
온라인 소통이 활발해지면서 다시 사용되기 시작했습
니다.[10]

 영국[11]

영국에서는 2009년부터 선동적 명예훼손죄[12] 그리
고 사인 간 명예훼손죄[13] 폐지를 담은 법안이 논의되었
고, 2010년 1월 통과되었습니다. 선동적 명예훼손죄

폐지 이유를 다음처럼 밝혔습니다.

"과거 영국에서는 왕과 의회 그리고 국가 체제에 대한 비난을 선동적 명예훼손죄로 다스렸고, 그 형법은 영국 국내에서뿐만 아니라 영국의 식민지에서도 정치적 불만을 잠재우기 위한 수단으로 널리 사용되었다. 우려할 점은 선동적 명예훼손죄가 근래에는 사용된 적이 없다 하더라도 그 형벌이 형법전에 남아 있으면 장래에 누군가 그 법을 들추어내어 적법한 표현을 제한하는 데 쉽게 남용할 수 있다는 것이다. 사실 영국에서 선동적 명예훼손죄는 저술가들과 사회·정치 운동을 펼치는 사람들을 겁박하기 위해 남용되어 왔다. 오늘날 많은 언론인이 기사를 출판하고, 인터넷에서는 수많은 사람이 자신의 의견을 게시하는 상황에서 정부에 대한 비난을 억제하는 정책은 삼가야 한다."

또한, 사인 즉 개인 간 명예훼손죄에 대해서는 결투나 보복이 사라져 존재할 이유가 사라졌다고 밝혔습니다.

결투는 18, 19세기 유럽 상류층의 중요한 문화였다. 상류층은 '명예'와 '용기'를 가장 중요한 가치로 여겼고, '거짓말쟁이'란 평가를 가장 큰 모욕으로 받아들였다. 상류층의 가장 큰 덕목이 '정직함'이었기 때문이다. 〈불로뉴 숲에서의 결투〉, 고드프로이 뒤랑Godefroy Durand 작품

무거운 형량은 표현의 자유를 위축하고, 명예훼손죄로 실제 재판이 이루어진 사례가 극히 드물며, 다른 국가에서도 명예훼손죄를 폐지하는 추세란 점을 근거로 들어 폐지한 것이지요.

명예훼손죄는 사회적 명예를 보호하고 무분별한 비난을 막는다는 점에서는 존재 의의가 있지만, 표현의 자유와 책임이 전제된 건강한 비판 역시 막을 수 있다는 점에서 세계적으로 폐지 움직임이 있습니다. 형사처벌이 아닌 민사상 손해배상으로 해결할 수 있어, 굳이 존재할 필요가 있느냐는 시각이 많은 것이지요. 한동안 명예훼손죄, 모욕죄를 계속 둘지 말지를 놓고 고민은 이어질 듯합니다.

모욕죄는
뭘까?

명예훼손죄와 모욕죄는 언뜻 보면 비슷하지만, 아주 크게 다릅니다. 명예훼손죄는 사실 또는 허위 사실의 적시가 필요하지만, 모욕죄는 어떤 사실을 적시하지 않고 상대방에 대한 경멸적인 표현을 하는 것으로도 해당될 수 있으니까요. 모욕죄는 (1)공연히 (2)사람을 모욕하여 (3)그 사람의 평판이 나빠졌을 때, 즉 이 세 가지 요건이 갖추어졌을 때 성립합니다.

모욕에 해당하는 대표적인 것이 욕설이고, "야비한 언론사 **는 자폭하라"[14] 같은 부정적 가치를 내포하는 단어를 시용한 경우, 인종·성별 등에 관한 차별·혐오·경멸 표현을 썼을 경우도 해당합니다. 이를테면 인터넷 신문 기사 댓글로 기사에 등장하는 특정인을 경멸하는 표현을 썼을 경우 모욕죄에 해당하는 것이지요. "일베충"[15], "된장녀"[16]도 경멸하는 감정 표현에 해당한다고 인정된 적이 있지요.

이걸 보고 모욕죄는 사실 여부보다 피해자의 '감정'을 더 중요시한다고 생각해서는 안 됩니다. 피해자가 "기분이 나쁘다" 혹은 "모욕적이었다"고 해도 피해자의 사회적 명예가 실추되지 않았다고 판단하면 모욕죄는 성립하지 않습니다. 사회적 명예는 앞에서 말한 '외적 명예'를 말해요. 나에 대한 다른 사람들의 평가지요.

더 설명하면, 상대방의 사회적 평가를 떨어뜨릴 만한 표현이라고 보기 어렵거나 내용이 너무 막연한 경우에는 모욕죄로 보지 않는다고 판결했습니다. 이를테면 페이스북 댓글로 "배은망덕한 XX"[17], "말도 안 되는 소리 씨부리고 있네. 들고 차버릴라"[18], "아이 XX!"[19] 등은 무례한 표현일 수는 있지만, 상대방의 사회적인 평가를 떨어뜨렸다고 보지는 않은 것이지요.

또한 "부모가 그런 식이니 자식도 그런 것이다"[20] 같은 표현은 내용이 너무 막연한 부정적인 발언이라고 보아 모욕죄가 아니라고 판결했습니다.

〈사례 ⓪〉에서 A는 '성형 괴물'을 뜻하는 '성괴'라는 말을, C는 '못생겼다'는 뜻인 '빻았다'는 말을 각각 했는데, 모두 경멸하는 감정을 표현한 것이죠. 그리고 피해자의 평판이 나빠졌다고 할 수 있습니다.

모욕죄 역시 명예훼손죄처럼 '공연성'을 요구합니다. 공연성이란 쉽게 말하면 여러 사람에게 공연히 알려지는 상태를 뜻합니다. 예를 들어 인스타그램에서 일대일로 DMDirect Message을 보내 욕을 한 경우에는 모욕죄가 성립되지 않습니다. 여러 사람 앞에서 한 것이 아니니까요.

그런데 A와 C는 최소한 4명이 모인 자리에서 ㄱㅁㅅ에 대해 모욕적인 얘기를 했습니다. 공연성이 인정되는 것이지요. 결론적으로 A와 C는 모욕죄를 저지른 것으로 볼 수 있습니다.

요즘은 명예훼손죄, 모욕죄로 고소·고발당하는 사람이 많습니다. 꾸준히 증가하고 있고요.[21] 사람들의 권리 인식이 높아지고 법률 지식이 깊어진 것이 큰 이유일 것입니다.

2장.

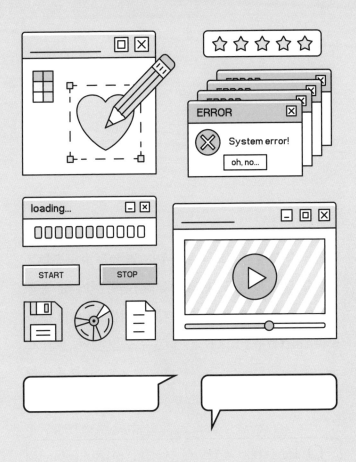

무심코 댓글을 달았던 이들에게

①
친구에 대해 소문 좀 냈는데
그게 죄라고요?

〈사례 ❶〉

새 학기가 돼서 새로운 친구들과 한 반이 되었어요. A는
다른 반 친구에게서 B에 대한 나쁜 소문을 들었어요. B가
연예인이랑 친하다고 허풍을 떨고, 자기 성적을 부풀려서
말하고 다닌다는 거예요. 그래서 예전부터 왕따였다는 거
지요. A는 반 친구 C에게 B에 대해 들은 얘기를 그대로 전
했어요. C는 또 반의 다른 친구들에게 이 얘기를 했고요.
순식간에 B는 반 친구들이 기피하는 아이가 되었어요.

A는 R에 대한 소문을 C에게만 얘기했는데, 이 경우도
명예훼손죄에 해당할까요?

앞에서 누군가에 대한 사실이나 허위 사실을 공연히

적시하면 명예훼손죄가 된다고 얘기했지요? 공연히 적시한다는 건 불특정 다수에게 알려지는 상태를 의미하고요.

그럼 A는 사실이든 아니든 한 사람에게만 말했으니, 명예훼손죄를 저지른 게 아니지 않느냐고 생각할 분도 있을지 모르겠어요. 하지만 법원에서는 비록 한 사람에게만 사실이든 허위 사실이든 유포했어도 그것이 불특정 다수에게 전파될 가능성이 있다면 명예훼손죄에 해당한다고 보고 있습니다. 이것을 '전파 가능성 이론'이라고 해요.

더 자세히 살펴보면, 대법원에서는 명예훼손죄의 공연성에 관해 다음처럼 일관되게 판단하고 있어요.

"개별적으로 소수의 사람에게 사실을 적시하였더라도 그 상대방이 불특정 또는 다수인에게 적시된 사실을 전파할 가능성이 있는 때에는 공연성이 인정된다."[22]

전파 가능성 이론에 따르면, 일대일로 대화한 경우에도 명예훼손죄가 적용될 수 있어요. 특히 피해자와 친분이 없거나, 피해자와 적대적인 관계에 있는 상대방에게 일대일로 피해자에 대한 사실을 이야기한 경우에는 전파 가능성이 있는 것으로 판단하는 경우가 많지요.[23] 심지어 법원에서는 개인 블로그 비공개 대화방에서 비밀을 지키겠다는 상대방의 말을 듣고 일대일로 이야기를 해 준 경우에도 전파될 가능성이 있다고 판단했습니다.[24]

그런데 만일 피해자의 가족이나 피해자와 아주 친한 사람에게 험담을 한 경우라면 어떨까요? 나와 가장 친한 친구에 대해 다른 친구가 와서 믿지 못할 나쁜 얘기를 했을 경우 나는 그 사실을 다른 친구들에게 마구 소문을 내고 다닐까요? 그렇지 않을 것입니다. 그래서 법원은 피해자와 가까운 관계에 있는 사람에게 얘기한 경우에는 전파 가능성이 없다고 보고 명예훼손죄가 아니라고 판결하는 경향이 있습니다.[25]

한편, 전파 가능성 이론에 반대하는 목소리들도 있습니다. 심지어 대법원에서도 의견이 나뉜 적이 있었어요. 반대하는 사람들은 국어사전에 따르면 '공연히'는 '세상에서 다 알 만큼 뚜렷하고 떳떳하게'라는 뜻인데, 소수의 사람에게 말한 것은 이런 의미와는 거리가 멀다는 것입니다. 사적으로 은밀히 나눈 대화에서도 공연성을 인정하는 것은 지나치다는 지적이지요.

또한 전파 가능성이라는 것은 객관적 기준을 설정하기 어렵다는 점도 지적합니다. 지금까지 축적된 판결을 살펴보면 비슷한 사건인데도 다른 판결을 내린 경우가 많은데, 전파 가능성을 판단하는 기준이 명확하지 않아서 그렇다는 것입니다.[26]

반면, 전파 가능성 이론을 찬성하는 다수의 목소리는 지금까지 법원이 전파 가능성이 있다고 판결한 것들이 구체적인 기준으로 자리 잡고 있다고 주장합니다. 현재는 공연성이 있는지 없는지를 다음과 같은 과정으로 판단합니다. 발언자와 상대방[27]이나 피해자의 관계나 지위

차이, 대화를 하게 된 경위와 상황, 적시한 내용, 적시 방법(큰 소리로 말하기, SNS에 글쓰기, 문서로 배포하기 등), 적시 장소(사이버 공간, 교실, 길거리 등) 등 행위 당시의 모든 것을 심리한 다음, 발언자가 불특정 다수에게 전파할 가능성이 있는지 없는지를 알고 있었는지를 종합적으로 검토합니다.

이런 과정을 보면, 명예훼손에 해당하는 말을 하는 사람이 그 말을 할 때에는 이것이 공연히 퍼질 것인지 아닌지를 충분히 예견할 수 있다고 보고 있습니다. 실제로 전파되었는지 아닌지는 우연에 따르므로, 중요한 판단 기준으로 삼지는 않고요.

〈사례 ①〉에서 C가 다른 친구들에게 소문을 내지 않았더라도 A는 발언 자체만으로도 전파 가능성을 예측할 수 있었고, 실제로 전파되었으므로, 법원에서는 A에게 잘못이 있다고 판결할 가능성이 높습니다.

②

연예인 욕 좀 하면

안 되나요?

2,456 likes

〈사례 ❷〉

A는 보이그룹 B군의 팬이에요. 어느 날 B군 팬카페에 B군이 걸그룹 C양과 사귄다는 추측성 기사가 올라왔어요. 팬카페에 C양에 대한 허위 사실이 담긴 비방 글이 마구 올라오기 시작했고, A도 그 글에 C양을 비난하는 댓글을 올렸어요. 게시글이 사실일 거라고 지레짐작하고, 다른 커뮤니티에도 그대로 옮겼고요. C양은 결국 악플러들을 고소하기 시작했고, A 역시 고소를 당하고 말았습니다. A는 처벌될까요?

명예훼손죄는 아주 역사가 깊어요. 고대 로마법에서부터 시작됐어요. 왕이 다스리던 시대 영국에서는 왕이

존 윌크스

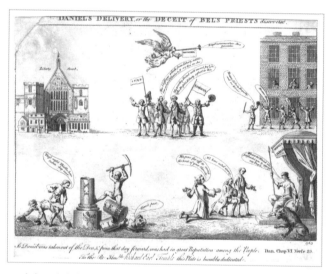

18세기 급진적인 정치인이자 언론인이었던 존 윌크스John Wilkes가 '선동적 명예훼손죄'로 체포되었다가 풀려난 상황을 풍자한 그림. 존 윌크스는 국왕 조지 3세의 연설 내용을 비판했다가 고소당했다.

"By no means," exclaimed Hamilton, in his clear, thrilling, silvery voice. "It is not the bar, printing and publishing of a paper that will make it a libel—the words themselves must be libelous, that is, false, scandalous, and seditious, else my client is not guilty." (Page 558)

18세기 영국은 미국 식민지에서도 선동적 명예훼손죄를 적용했다. 자유를 갈망했던 식민시인들은 점점 더 바발했고, 인쇄업자이자 언론인인 존 피터 젠거John Peter Zenger 사건으로 극에 달한다. 젠거는 뉴욕 총독을 비판한 기사를 계속 게재해 선동적 명예훼손죄로 체포된다. 수감된 지 10개월여 만에 무죄로 풀려난다. 그림은 당시 재판 과정을 묘사한 것.

나 의회, 나라를 비난, 비판하면 '선동적 명예훼손죄'로 다스렸어요. 사회에 비판적인 작가들이나 사회, 정치 운동을 펼치는 이들을 겁주기 위해서였지요. 왕정 시대에는 소수가 권력을 쥐락펴락했고 나라의 크고 작은 일들도 이들이 결정했습니다. 그러니 나라를 비난, 비판한다는 것은 곧 자신들에게 그러는 것이나 다름없다고 본 것이지요. 형벌로 다스린 이유입니다.

모욕죄 역시 주로 왕실이나 공직자, 국기를 비롯한 국가 상징물을 보호하기 위해 존재해 왔지요.

명예훼손이냐 표현의 자유냐

하지만 현대 민주주의 사회에는 표현의 자유가 있습니다. 자신의 생각을 자유롭게 말할 권리가 있습니다. 더욱이 현대 사회에서는 소수의 권력자가 국가를 좌지우지할 수 없습니다. 서로 자유롭게 의견을 주고받고 개중 많은 사람의 의견이 반영된 방향으로 나아가려고 하지요.

그런데 자신의 말 때문에 명예훼손으로 처벌받을 수

있다는 생각이 든다면, 다들 조심스럽게 말할 수밖에 없을 것입니다. 이 때문에 특별한 경우에는 명예훼손죄로 처벌받지 않도록 하고 있습니다.

어떤 경우인지 볼까요?

형법 제310조(위법성의 조각[*])

제307조 제1항의 행위가 진실한 사실로서 오로지 공공의 이익에 관한 때에는 처벌하지 아니한다.

형법 제307조(명예훼손)

① 공연히 사실을 적시하여 사람의 명예를 훼손한 자는 2년 이하의 징역이나 금고 또는 500만원 이하의 벌금에 처한다.

형법 제310조에 따르면, 명예훼손이 인정되는 경우라도 즉, 형법 제307조 제1항처럼 사실 적시로 인한 명예훼손인 경우 '일정한 요건'을 갖추면 명예훼손죄로 처벌받지 않습니다. 일정한 요건이란, 말한 '사실'이 '공공의 이익'을 위한 것일 때지요. 여기서 공공의 이익은 사회전체의 이익을 말하고요. 즉 말한 사실이 나의 이익에만

위법성이란 어떤 행위가 법질서에 위배된다는 의미예요. 그런 위법한 행위 중에서도 위법하지 않은 것을 가려낼 수 있는데, 가려내는 기준이 되는 이유들을 '위법성 조각 사유'라고 합니다. 여기서 조각阻却은 물리친다는 뜻이에요. 즉 위법성의 조각이란 위법성을 물리치는 것이니, 쉽게 말하면 법을 어긴 것이 아니라는 말이지요. 우리 형법에서는 위법성 조각 사유를 다섯 가지로 명시하고 있어요. 정당행위(제20조), 정당방위(제21조), 긴급피난(제22조), 자구행위(제23조), 피해자의 승낙(제24조)이에요. 예를 들어 의사가 치료를 위해 수술을 했다면 이는 업무로 인한 행위이므로, 즉 의사의 수술 행위 자체는 사실 다른 사람의 몸에 칼을 대는 상해 행위이지만 업무상 칼을 대는 것이므로 정당행위라 할 수 있지요.[28] 명예훼손죄처럼 위법성을 조각하는 사유를 별도 조항(제310조)으로 두는 경우도 있습니다.

영향을 미치는 것이 아니라 내 주변에 있는 사람들, 나아가 더 많은 사람에게도 필요한 정보라고 인정될 때 공공의 이익과 관련이 있다고 말할 수 있을 것입니다.

다음의 판결문을 통해 명예훼손 여부를 가르는 기준을 좀 더 명확히 살펴볼 수 있습니다.

"타인의 명예를 훼손하는 행위를 한 경우에도 그것이 공공의 이해에 관한 사항으로서 그 목적이 오로지 공공의 이익을 위한 것일 때에는 진실한 사실이라는 증명이 있으면 위 행위에 위법성이 없으며 또한 그 증명이 없더라도 행위자가 그것을 진실이라고 믿을 상당한 이유가 있는 경우에는 위법성이 없다고 보아야 한다."[29]

공공의 이익이 먼저

특히 사실 적시 내용이 공인에 관한 것이거나 공적인 사안과 관련 있을 경우에는 '공공의 이익'이 더욱 쉽게 인정됩니다. 명예훼손의 피해자가 공무원·국회의원 등의 공직자, 언론사 등 공적 존재이거나 내용 자체가 그들에 관한 것일 때에는 공적인 존재에 대한 언론과 국민의 감시, 비판 기능을 보장하기 위해 '악의적이거나 심하게 경솔한 공격'이 아닌 이상 명예훼손죄가 되지 않습니다. 명예훼손과 표현의 자유가 충돌할 때 '표현의 자유' 쪽에 손을 더 들어 주는 것이지요.

판례를 하나 살펴보겠습니다.

"···당해 표현이 사적인 영역에 속하는 사안에 관한 것인 경우에는 언론의 자유보다 명예의 보호라는 인격권이 우선할 수 있으나, 공공적, 사회적인 의미를 가진 사안에 관한 것인 경우에는 그 평가를 달리하여야 하고 언론의 자유에 대한 제한이 완화되어야 한다."[30]

예를 들어 대법원에서는 A 신문사의 과거 친일 행적이나 기자 대량 해고 사태에 대해 B 신문사가 비판적인 기사, 만평 등을 보도한 경우 그 내용 중 일부가 정확하지 않거나 지나치게 자극적인 표현 등이 있더라도 주요 내용이 진실에 부합하거나 진실하다고 믿을 만한 상당한 이유가 있다면, 표현의 자유 영역을 벗어났다고 볼 수 없다고 보았습니다.[31]

반면, 표현의 자유 영역으로 보호받을 수 없다고 본 표현도 있습니다. 대법원에서는 한 연예인의 기사에 '국민호텔녀'라는 댓글을 단 경우, 표현의 자유로 보호받을 수 없다고 보았습니다. 이런 표현은 피해자의 사생활을 들추어 피해자가 대중에게 호소하던 청순한 이미지의 반대 이미지를 암시하고 아울러 피해자를 성적 대상화하는 방법으로 비하한 것이라고 했습니다. 여성 연예인

인 피해자의 평판이 나빠질 만한 모멸적인 표현이라 할
수 있고, 정당한 비판의 범위를 벗어난 것이므로, 보호받
을 만한 표현으로 볼 수 없다는 것이지요.[32]

조선 시대에도 모욕죄가 있었나요?

우리 역사에도 명예훼손죄와 모욕죄를 있었을까요? 지금과 같은 의미의 명예훼손죄는 아니지만, 고려 시대에는 부모나 조부모 등에게 욕설을 하면 처벌했습니다. 조선 시대에도 형벌에 관한 법률서 《대명률》에 모욕죄에 해당하는 것이 나와요. 남에게 심한 폭언이나 욕설을 한 경우 처벌했습니다. 이를 '매리罵詈'라고 했는데요, 매罵는 욕설이나 폭언을 뜻하고, 리詈는 능욕 또는 비방하는 행위를 말합니다. 즉 매리는 남에게 욕설이나 심한 비방을 해서 모욕을 주는 범죄예요.

매리에 대한 처벌 조문은 모두 여덟 가지예요. 일반적인 모욕죄 형량을 규정해 놓았을 뿐 아니라 상급자와 하급자 간의 모욕, 노비의 주인에 대한 모욕, 가족·친족 간의 모욕 등 모욕 종류에 따라 형량을 다르게 제시해 놓았어요.

예를 들어 일반적인 모욕죄의 경우에는 태형 10대를 치는 식이었지요. 물론 신분 사회였으니 같은 죄를 지어

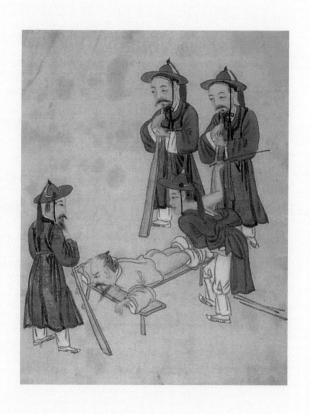

김준근, 〈태장〉. 태형은 가는 막대로 볼기를 치는 것이고, 장형은 곤장으로
치는 걸 말한다. 그림은 태형 장면이다. 좌우 포졸들이 짚고 서 있는 것이
곤장이다.

도 형량에는 차이가 있었어요. 이를테면 고을 백성이 관내 사또에게 욕설을 한 경우에는 장형 100대였습니다. 일반적인 모욕죄 형량인 태형 10대의 무려 열 배에 달하지요. 노비가 주인을 욕했다면요? 법정 최고형인 교수형에 처했습니다.[33]

　지금과 같은 의미의 명예훼손죄, 모욕죄가 도입된 것은 일제 강점기부터라고 해요. 현행 형법의 명예훼손죄는 일본 형법에 기초했고, 1953년 9월 18일 제정돼 1995년 12월 29일 개정을 거쳐 현재에 이르렀습니다.[34]

연예인도

공인일까?

그런데 공인은 누구를 말하는 것일까요?

공인公人은 말 그대로 '공적인 일에 종사하는 사람'입니다. '공적인 일'이란 '국가나 사회와 관련된 것'을 뜻하고요. 따라서 공무원, 정치인 등이 대표적인 공인이라고 할 수 있습니다. 이들의 행동은 나라의 운영, 질서와 관련이 깊습니다. 사회의 방향을 결정하는 업무를 주로 담당하기 때문에, 그들에 대한 감시가 특별히 강조되는 것입니다.

연예인은 어떻게 볼 수 있을까요? 연예인은 사전적 의미 즉, 공적인 일에 종사하는 공인은 아닐 수 있습니다. 그런데 우리는 연예인 행동에 어느 정도의 윤리, 도덕적 잣대를 들이댑니다. 그 이유는 연예인이 사람들 특히 청소년들의 인식과 행동에 영향을 줄 수 있기 때문이지요. 연예인들이 입고, 말하고, 행동하는 것 하나하나가 어떤 이들에겐 큰 영향을 끼칩니다. 사안에 따라 연예인도 공인으로 볼 수밖에 없는 이유입니다.

사이버 명예훼손죄

연예인도 공인이라면, 연예인에 대해 사이버 공간에서 자유롭게 글을 써도 되는 것 아니냐고요? 악플러와의 전쟁을 선포한 연예인이 많습니다. 연예인이 악플 단 사람들을 명예훼손으로 고소했다는 기사를 여러분도 자주 보았을 것입니다.

사이버 공간에서 연예인에 대해 글을 쓰거나 댓글을 단 경우, 명예훼손죄에 해당하는지 살펴볼까요?

형법 제310조(위법성의 조각)
제307조 제1항의 행위가 진실한 사실로서 오로지 공공의 이익에 관한 때에는 처벌하지 아니한다.

앞에서 말했듯이 명예훼손일 법한 행위인데도 명예훼손이 되지 않는 경우는 형법 제310조에 해당할 때뿐입니다. 일단 '진실한 사실'이어야 하고, 그것이 '공공의 이익'을 위할 때이지요. 그런데 연예인에 대한 허위 사실을 유포하거나 허위 사실을 댓글로 달았다면, 명예훼손죄로 처벌받을 수밖에 없겠지요.

여기서 하나 더 기억해 둬야 할 것은 사이버 공간에서 명예훼손을 하는 경우는 형법이 아니라 정보통신망법 제70조에 따라 처벌받는다는 것입니다. 이론적으로는 형법에 따른 처벌도 가능하지만 실제로 그런 일은 드물고, 정보통신망법에 근거해 주로 처벌받습니다. 사이버 공간에서의 명예훼손이기 때문에 '사이버 명예훼손죄'라고 따로 부르고요.

정보통신망법 제70조(벌칙)

① 사람을 비방할 목적으로 정보통신망을 통하여 공공연하게 사실을 드러내어 다른 사람의 명예를 훼손한 자는 3년 이하의 징역 또는 3천만원 이하의 벌금에 처한다.

② 사람을 비방할 목적으로 정보통신망을 통하여 공

공연하게 거짓의 사실을 드러내어 다른 사람의 명
예를 훼손한 자는 7년 이하의 징역, 10년 이하의
자격정지 또는 5천만원 이하의 벌금에 처한다.

SNS 등의 사이버 공간에서 무언가를 쓰면 전파력이
매우 크지요. 어떤 연예인의 명예를 훼손하는 내용을 썼
다면 올리는 순간 광범위하게 쫙 퍼져 나갈 것입니다. 당
연히 피해도 다른 수단에 비할 바가 아니겠지요. 많은
사람이 동시에 명예훼손에 해당하는 내용이 진실인지
거짓인지를 떠나 접하게 되고 이것이 2차, 3차의 새로운
내용으로 유포될 수 있기 때문에 그 위험성이 훨씬 크다
고 볼 수 있습니다.[35]

한편 연예인에 대한 댓글 중에는 감정적이고 경멸적
인 표현이 많습니다. 이 경우는 명예훼손죄가 아니라 모
욕죄가 문제가 되겠지요. 앞에서 모욕죄는 (1) 공연히
(2) 사람을 모욕하여 (3) 그 사람의 평판이 나빠졌을 때 성
립한다던 말 기억나나요? 모욕죄는 명예훼손죄와 달리
사실을 적지 않고 경멸적인 표현만 해도 성립할 수 있어
요. 따라서 게시글로든 댓글로든 연예인에 대해 욕을 해
서 그 연예인의 평판이 나빠진 경우에는 모욕죄로 처벌

받을 수 있습니다. 비록 한 줄이라도 말이지요.

사이버 공간에서는 한 줄, 한 단어도 폭력 행위가 될 수 있으니 명심해야 합니다. 악플은 폭력 행위입니다.

공인에겐 함부로 해도 된다? 🔍

〈사례 ②〉로 돌아가 보겠습니다.

A는 연예인 C양에 대한 허위 사실을 사실이라고 지레짐작하고 유포했습니다. 허위 사실에 해당하는 댓글을 달았을 뿐 아니라 다른 커뮤니티에도 커뮤니티 게시글을 올렸기 때문에 정보통신망법 제70조 제2항의 명예훼손죄로 고소당할 수 있습니다.

대법원에서는 적시된 사실을 진실한 것으로 믿었고 또 그렇게 믿을 만한 상당한 이유가 있으며 또한 그 내용이 공공의 이익을 위한 것임이 인정되면 위법성이 없는 것으로 판단하고 있다고 했습니다.[36] 하지만 A는 단순히 C양에게 악의적인 감정을 품고 사이버 공간에 올라온 글을 검증하지 않은 채 그대로 퍼뜨렸습니다. 이런 경우에는 사실을 진실한 것으로 믿을 만한 상당한 이유가 있는 것으로 보기 어려울 것으로 보입니다. 또 연예인이 공인이더라도 그에 대한 허위 사실을 퍼뜨리는 글은, 공공의 이익을 위한 것이라고 보기 어렵겠지요. 따라서 A의 행위는 명예훼손으로 볼 수 있습니다.

③
학교 폭력 피해 사실을
밝혀도 되나요?

〈사례 ❸〉

A는 중학생 때 B로부터 심각한 학교 폭력을 당했습니다. 결국 학업을 중단하고 한동안 정신건강의학과 치료를 받아야 했지요. 어느 날 TV를 보다가 자신을 괴롭히던 B가 아이돌로 데뷔해 유명인이 된 사실을 알았습니다. A는 TV에서 B의 얼굴을 볼 때마다 자신을 괴롭혔던 일들이 떠올라서 너무 괴로웠습니다.

그런데 B는 마치 선한 사람인 것처럼 자신을 포장했지요. 그런 모습을 볼 때마다 A는 너무 화가 났습니다. 급기야 온라인 커뮤니티에 자신이 B의 동창임을 밝히고 B로부터 학교 폭력을 당한 사실을 올렸습니다. B의 인기는 급속도로 추락했고, B는 A를 명예훼손으로 고소하겠다고 했습니넷플릭스에서 방영돼 크게 화제가 된 드라마 〈더 글로리〉를 보셨나요? 학교 폭력 피해자가 가해자에게 복수하는 내용이에요. 사실 이전에도 연예인이나 인플루언서 같은 유명인들이 학창 시절에 폭력을 저지른 사실이 종종 밝혀졌습니다.

보통의 피해자들은 〈사례 ③〉처럼 그 연예인이 괴롭혔다며 온라인 게시판 등에 올리는데요. 이때 지목된 연예인들은 피해자에게 사죄를 하거나 피해자를 명예훼손으로 고소합니다.

연예인을 공인이라고 봤을 때 〈사례 ③〉처럼 학교 폭력 사실을 공연히 밝히는 것은 괜찮을까요? 그 내용이 사실이라면요.

〈사례 ③〉처럼 연예인 같은 유명인의 학교 폭력 사실을 공연히 알리는 경우 그 내용이 진실하다면, 공공의 이익에 부합한다고 인정될 가능성이 높습니다. 그렇게 되면 비방의 목적도 없는 것으로 판단되어 명예훼손죄를 저질렀다고 보지 않을 수 있습니다. 즉 A가 쓴 글이 사실이라면 A는 명예훼손죄로 처벌받지 않을 가능성이 높

은 것이지요. 실제로 이런 일로 불기소 처분을 한 사례가 있습니다.[37]

| 솔직 후기는 어떨까요? | 🔍 |

솔직 후기와 관련해서도 판례가 있습니다. B는 반려견의 혈뇨 증상을 치료하기 위해 유명한 동물병원을 찾았습니다. 하지만 여러 치료를 받아도 나아지지 않았습니다. 결국 다른 병원을 찾아갔고, 반려견에게 방광염과 결석이 있다는 사실을 알게 되었습니다. B는 이전 병원에 과실을 물으며 환불을 요구했지만 거절당합니다. 불만을 품은 B는 반려인 인터넷 카페 게시판에 이런 사실을 올립니다. "돈을 위해 자신의 오진 가능성 99%를 부정하는 사람, 사과할 줄 모르는 사람, 과오를 책임지지 않는 사람"이라는 표현도 썼습니다.

동물병원 측은 B를 명예훼손으로 고소했습니다. 1심 법원은 명예훼손죄를 인정해 벌금 200만 원을 선고했고, 2심에서는 선고유예 판결을 내렸습니다. 선고유예는 죄는 지었지만 형 선고를 미루겠다는 뜻이니, 유죄가 인정된 것입니다.

그런데 대법원에서 무죄로 판결한 것입니다. 보호자가 작성한 정보가 "해당 동물병원에 대한 정보를 얻으려는 다수의 인터넷 사용자들의 의사결정에 도움이 되는 정보 및 의견"이라고 본 것입니다. 즉 공공의 이익을 위해 쓰였다고 본 것이지요. B가 객관적인 사실을 근거로 오진을 주장했고, 동물병원 소비자들에게 병원 선택에 신중하라는 자신의 의견을 표현한 글이었으며, 나름대로 피해자를 비실명 처리한 점 등이 그 이유였습니다. 또한 B의 행위의 주된 동기가 공공의 이익을 위한 것이라면 환불과 같은 부수적인 개인 목적이나 동기가 있더라도 비방할 목적이 있다고 보기는 어렵다고 보았지요.[38] 즉 객관적으로 진실한 사실을 적시한 솔직 후기의 경우에는 공공의 이익을 위한 글이었음이 인정되면 명예훼손죄가 인정되지 않기도 합니다.

④

닉네임을 욕했다가
바로 삭제했는데요?

2,456 likes

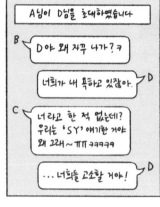

〈사례 ④〉

고등학생 A, B, C는 무리를 지어 다니며 친구들을 따돌렸습니다. 반 단톡방에 따돌림을 당하는 반 친구 D를 모욕하는 글을 계속 올렸습니다. 어느 정도 친구들이 본 후에는 삭제하고요. 이때 D의 실명은 쓰지 않고, SY라고 썼습니다. SY는 D의 이니셜이자 반 친구들이 D를 욕할 때 쓰는 은어였어요. D가 누군지 반 친구 모두가 알 수 있었지요. D는 정신적으로 큰 스트레스를 받아 단톡방을 나가기도 했지만, 계속 초대됐습니다. 결국 D는 A, B, C를 모욕죄로 고소하기로 마음먹습니다. A, B, C가 D의 실명을 밝히지 않았는데 가능할까요?

이문열 작가의 소설 《우리들의 일그러진 영웅》을 아시나요? 학급 내의 절대 권력이었던 엄석대의 심기를 건드는 자들은 물리적 혹은 정신적으로 폭행을 당하고 결국 엄석대에게 굴복할 수밖에 없는 학급의 분위기를 여실히 보여 주었는데요.

요즘은 SNS 등을 비롯해 사이버 공간에서 활동하는 시간이 많아져, 정신적인 폭력이 나날이 심해지고 있습니다. 일례로 '카톡 감옥'을 들 수 있습니다. 카톡 감옥은 단톡방에서 상대방이 원하지 않는데도 계속 초대해 듣기 힘든 욕, 조롱을 퍼붓거나 퍼지지 않기를 바라는 사진을 유포하는 식의 괴롭힘을 말합니다. 계속 초대되어 벗어날 수 없기에 '감옥'이란 말까지 붙은 거지요.

인터넷은 빠르고 광범위하게 전파되기 때문에 같은 명예훼손이더라도 우리 법에서는 형법상의 명예훼손보다 정보통신망법상의 명예훼손을 더 나쁘게 보고 강하게 처벌하고 있습니다.

형법 제307조(명예훼손)

① 공연히 사실을 적시하여 사람의 명예를 훼손한 자는 2년 이하의 징역이나 금고 또는 500만원 이하의 벌금에 처한다.

② 공연히 허위의 사실을 적시하여 사람의 명예를 훼손한 자는 5년 이하의 징역, 10년 이하의 자격정지 또는 1천만원 이하의 벌금에 처한다.

정보통신망법 제70조(벌칙)

① 사람을 비방할 목적으로 정보통신망을 통하여 공공연하게 사실을 드러내어 다른 사람의 명예를 훼손한 자는 3년 이하의 징역 또는 3천만원 이하의 벌금에 처한다.

② 사람을 비방할 목적으로 정보통신망을 통하여 공공연하게 거짓의 사실을 드러내어 다른 사람의 명예를 훼손한 자는 7년 이하의 징역, 10년 이하의 자격정지 또는 5천만원 이하의 벌금에 처한다.

| 닉네임, 이니셜 공격은 괜찮을까요?

앞에서 명예훼손의 세 가지 요건을 알아보았습니다. (1) 공연히 (2) 사실 또는 허위 사실을 적시하여 (3) 피해자의 사회적 평가, 즉 외부적 명예를 떨어뜨리는 것이지요. 그러자면 기본적으로 피해자가 구체적으로 특정되어야 할 것 같지만, 꼭 피해자 이름이 정확히 적혀 있어야 하는 건 아닙니다. 내용상 누구를 지목하는지 알 수 있다면, 명예훼손죄가 성립할 수 있습니다.[39] 이니셜이나 두 문자만 사용한 경우에도요.[40]

그렇다면 실명이 아닌 아이디ID나 닉네임으로만 활동하는 사이버 공간에서 아이디를 특정해서 명예훼손에 해당하는 글을 작성한 경우 피해자가 특정되었다고 볼 수 있을까요? 〈사례 ④, ⑤〉처럼 이니셜이나 닉네임을 쓴 경우에는 어떨까요?

헌법재판소에서는 피해자가 실제로 누구인지 알 수 없다면, 명예훼손죄나 모욕죄가 성립하지 않는다고 보았습니다.[41] 즉 해당 아이디를 가진 사람이 피해자라고 알아차리기 어려운 경우에는 명예훼손죄의 피해자가 특정된 것으로 보기 어려우므로 명예훼손죄가 성립하지 않는다고 본 것입니다.

물론 헌법재판소 내에서도 의견 대립이 있었는데요. 사이버 공간에서 아이디는 그 사람을 특정하는 역할을 하고, 아이디를 알면 사용자가 누구인지 찾을 수 있으므로, 아이디를 지명한 경우에도 특정한 것이라는 반대 의견이 있었습니다. 그러나 다수 의견은 명예훼손죄가 성립하지 않는다는 것이었지요.

| 피해자를 알 수 있는 경우도 있어요!

그럼, 사이버 공간에서 아이디, 닉네임 등을 비난하는 것은 괜찮은 것 아니냐면서 안심할 수도 있습니다. 꼭 그렇지는 않습니다. 피해자를 익명으로 했든 아니든 주

변 상황을 종합했을 때 누구인지 알 수 있다면 피해자를 특정할 수도 있기 때문이지요. 앞서 말한 헌법재판소의 사례는 해당 아이디를 가진 사람이 누구인지 알 수 없어서 명예훼손죄가 성립하지 않는다고 결정이 난 것뿐입니다.

인터넷 사이트에서 필명으로 활동하는 어떤 사람이 있었습니다. 그 사람은 다른 사람에게 자신의 이름과 나이를 공개한 적이 있습니다. 그 후 피해자의 이름, 나이를 아는 사람이 해당 필명에 대해 욕설과 비방을 하였는데, 이 경우에는 그 필명을 사용하는 사람이 피해자라는 사실을 알면서 모욕 행위를 한 것으로 보아 모욕죄가 성립한다고 판결했습니다.[42]

즉 사이버 공간에서 실명이 아닌 아이디나 닉네임을 사용해서 활동하는 사람을 비방한 경우, 종합적으로 보아 다른 사람들이 그 사람이 실제로 누군지 알 수 있다면 명예훼손죄가 성립할 수 있는 것입니다. 초성이나 이니셜을 사용했더라도요. 누군가를 익명으로 비방할 경우에는 명예훼손죄가 성립하지 않는다고 자신하면 안된다는 사실 명심하세요.

사이버 공간에 글을 올리면 순식간에 많은 사람이 볼 수 있습니다. 즉 사이버 공간에 글을 올리는 순간 그 글은 전파 가능성이 있게 되며, 공연히 알려질 수 있습니다.

글을 올리자마자 지웠다면 괜찮을까요? 그렇지 않습니다. 글을 올린 찰나에도 누군가가 그 글을 볼 수 있기 때문이지요. 실제로 다른 사람의 명예를 훼손하는 글을 SNS에 올렸다가 5분 만에 지운 사례가 있었습니다. 이 경우에도 법원은 게시 시간이 짧았더라도 그러한 사정만으로 공연성이 부정된다고 보기는 어렵다고 판결했습니다.[43]

사이버 공간에 글을 올린 경우 정말 잠깐 올렸다가 지워도 이미 공연성이 있는 것으로 판단될 수 있음을 잊지 마세요. SNS 등에 글을 올릴 때 신중해야 하는 이유입니다.

〈사례 ④, ⑤〉로 돌아가 보지요. 모두 피해자의 실명이 아닌 이니셜, 닉네임을 비방했습니다. 하지만 〈사례 ④〉와 〈사례 ⑤〉는 좀 다릅니다. 〈사례 ④〉에서는 이니셜이 누구를 말하는지 반 친구들이 모두 알고 있다는 것이죠.

피해자가 특정된 것으로 볼 수 있습니다. 하지만 〈사례
⑤〉는 닉네임만으로는 누구인지 알 수 없었습니다. 따라
서 피해자가 특정되지 않았다고 판단될 것으로 보입니
다. E는 모욕죄로 처벌받지 않을 가능성이 높습니다. 모
욕죄는 앞에서 말했듯이 ⑴ 공연히 ⑵ 사람을 모욕하여
⑶ 그 사람의 평판이 나빠졌을 때 성립합니다. 이때 '사
람'은 구체적으로 특정될 수 있는 사람을 의미하니까요.

만약 〈사례 ④〉에서 모욕하는 글을 썼다가 지웠다면
어떻게 판단될까요? 게시한 곳이 단톡방이라는 환경을
감안하면 이미 누군가는 그 글을 보았을 것입니다. 피해
자 D 역시 그 글들을 보았으니까요. 결국 공연히 모욕
행위를 한 것으로밖에 볼 수 없습니다. A, B, C는 모욕죄
를 저질렀다고 판결받을 가능성이 높습니다.

⑤

유튜버,
그건 명예훼손이에요!

〈사례 **6**〉

고등학생 B는 학교에서는 말수가 적고 친구도 별로 없었
습니다. 하지만 먹방 유튜버로는 상당히 유명한 인플루언
서입니다. B에 대해 잘 모르는 친구들이 이런 B를 시기해
서 안 좋은 소문을 내곤 했지요. 유튜브를 시작한 같은 학
교 A는 구독자 수를 늘리기 위해 B에 대한 거짓 소문을 콘
텐츠로 만들어 대대적으로 방송합니다. A가 예상한 대로
해당 콘텐츠는 상당히 높은 조회 수를 기록했고, 다른 친
구들은 A의 방송을 보고 B에 대해 더 안 좋게 인식하게 되
었지요. 결국 B는 A를 허위 사실 적시 명예훼손으로 고소
하기로 마음먹습니다. 가능할까요?

인터넷은 공간과 시간의 경계를 없앴습니다. 우리는 SNS를 비롯한 사이버 공간에서 다른 나라에 있는 사람과 대화를 할 수도 있고 심지어 모르는 사람의 소식을 알 수도 있습니다. 그러므로 사이버 공간에서 하는 한마디는 어디까지 퍼질지 가늠할 수 없습니다. 이 때문에 사이버 공간에서 명예는 훨씬 더 조심스럽게, 신중하게 보호되어야 합니다. 너와 나 사이에서 일어나는 오해는 서로 대화해서 풀 수 있지만, 사이버 공간에서는 당사자들 외에 많은 사람이 개입되어 있어 쉽사리 바로잡기 어렵기 때문이지요. 즉 이야기는 사이버라는 시공간을 초월한 공간에서 더욱 빠르게 전파되고, 허위 사실이나 평판이 나빠지는, 명예훼손에 해당하는 발언의 파급 효과는 오프라인과 비교가 되지 않습니다.

이런 배경에서 사이버 공간에서 벌어지는 명예훼손은 정보통신망법을 따로 두어 처벌한다고 앞에서도 얘기했습니다.

앞서 말했듯이 명예훼손죄는 형법과 정보통신망법에 근거합니다. 소셜 미디어*를 비롯한 사이버 공간에서 발생하는 사건은 정보통신망법에 근거하고, 그 외의 사건들은 형법(제307조)에 따라 판결하지요. 예를 들어 어떤 사람이 범죄자라거나 불륜을 저지르고 있다는 등의 사실 또는 허위 사실을 이웃이나 지인들이 모인 자리에서 말하는 경우, 형법상의 명예훼손죄가 성립할 수 있어요.

사이버 공간은 어떤 표현이 공연히 전파되는 것이 전제되는 곳입니다. 그렇기에 말과 글이 타인의 명예를 쉽게 훼손할 수 있고, 그 피해 역시 걷잡을 수 없습니다.

소셜 미디어

사람들의 의견, 생각, 경험, 관점 등을 서로 공유하기 위해 사용하는 온라인 플랫폼을 말해요. 텍스트, 이미지, 오디오, 비디오 등 형태가 다양합니다. 대표적으로 블로그, SNS, 팟캐스트, 유튜브, 브이로그 등이 있지요.

즉, 정보통신망에서는 정보 퍼지는 속도가 너무 빨라서 퍼지는 범위를 예측하기 어렵고, 정보가 복제되어 계속 퍼지기 때문에 삭제도 어렵습니다. 삭제해도 끝없이 나올 수 있으니까요. 따라서 사람을 비방할 목적으로 정보통신망을 통해서 공연히 명예를 훼손한 경우에는 더욱 엄하게 책임을 물어야 할 필요가 있습니다.

이런 배경에서 정보통신망법에서는 다음처럼 엄하게 규제하고 처벌합니다.

제70조(벌칙)

① 사람을 비방할 목적으로 정보통신망을 통하여 공공연하게 사실을 드러내어 다른 사람의 명예를 훼손한 자는 3년 이하의 징역 또는 3천만원 이하의 벌금에 처한다.

② 사람을 비방할 목적으로 정보통신망을 통하여 공공연하게 거짓의 사실을 드러내어 다른 사람의 명예를 훼손한 자는 7년 이하의 징역, 10년 이하의 자격정지 또는 5천만원 이하의 벌금에 처한다.

③ 제1항과 제2항의 죄는 피해자가 구체적으로 밝힌 의사에 반하여 공소를 제기할 수 없다.

제44조(정보통신망에서의 권리보호)

① 이용자는 사생활 침해 또는 명예훼손 등 타인의 권리를 침해하는 정보를 정보통신망에 유통시켜서는 아니 된다.

② 정보통신서비스 제공자는 자신이 운영·관리하는 정보통신망에 제1항에 따른 정보가 유통되지 아니하도록 노력하여야 한다.

③ 방송통신위원회는 정보통신망에 유통되는 정보로 인한 사생활 침해 또는 명예훼손 등 타인에 대한 권리침해를 방지하기 위하여 기술개발·교육·홍보 등에 대한 시책을 마련하고 이를 정보통신서비스 제공자에게 권고할 수 있다.

제44조의7(불법정보의 유통금지 등)

① 누구든지 정보통신망을 통하여 다음 각 호의 어느 하나에 해당하는 정보를 유통하여서는 아니 된다.

1. 음란한 부호·문언·음향·화상 또는 영상을 배포·판매·임대하거나 공공연하게 전시하는 내용의 정보

2. 사람을 비방할 목적으로 공공연하게 사실이나 거

짓의 사실을 드러내어 타인의 명예를 훼손하는 내
용의 정보

　사이버 공간은 말과 글이 검증되기 전에 빠르게 전파
되기 때문에 사실 여부보다 일방적인 평가가 곧 새로운
사실이 되어 버리는 곳입니다. 이러한 공간에서 자신도
모르는 사이에 나에 대한 평가가 떠돌고 있다면, 여러분
은 어떤 기분이 들까요? 연예인 같은 공인들만 당하는 문
제가 아닙니다. 자신이 사이버 공간에서 쓴 글이 칼이 되
어 본인을 다치게 할 수도 있다는 사실을 명심해야 할 것
입니다.

사이버 명예훼손이
되려면?

형법상의 명예훼손죄는 앞에서 말했듯이 (1) 공연히 (2) 사실 또는 허위 사실을 적시하여 (3) 다른 사람의 (사회적) 명예를 훼손한 경우에 성립하는 범죄인데요. 사이버 명예훼손죄는 (1) 사람을 비방할 목적으로 (2) 정보통신망을 통하여 (3) 공연히 (4) 사실 또는 허위 사실을 적시하여 (5) 다른 사람의 (사회적) 명예를 훼손하는 경우에 성립하는 범죄입니다. 기존 세 요건에 '사람을 비방할 목적'으로 '정보통신망을 통하여'라는 두 가지가 더 추가된 것입니다.

사이버 명예훼손죄도 일반적인 명예훼손죄에서와 마찬가지로 사람이 구체적으로 특정되어야 성립합니다. 아이디나 캐릭터를 대상으로 했을 때는 원칙적으로는 피해자가 특정되었다고 볼 수 없어 명예훼손이 성립하기 어렵습니다. 하지만 정황을 살펴보았을 때 누가 봐도 누구인지 알 수 있는 경우에는 피해자가 특정되었다고 봅니다.

예를 들어 유명 유튜버는 본명 대신 활동명을 써도 기본적으로 얼굴이 대중에게 공개되어 있고, 일부 공개된 신원 정보만으로도 누구인지 종종 유추할 수 있습니다. 따라서 이런 경우에는 현실에서 어떤 사람인지 특정이 되기 때문에 피해자가 특정되었다고 볼 수 있습니다.

사이버 명예훼손죄가 성립하려면 '비방할 목적'이 있어야 합니다. 피해자를 해할 의사나 목적이 있었는지를 보는 것이지요. 공공의 이익을 위한 것과는 상반되는 방향에 있는 것입니다. 즉 적시한 사실이 누가 봐도 공공의 이익에 관한 것이고, 행위자도 주관적으로 공공의 이익을 위해 그 사실을 적시했다면, 특별한 일이 없는 한 비방할 목적은 없다고 판단되지요. 법원에서는 행위자의 주요한 동기나 목적이 공공의 이익을 위한 것이라면 부수적으로 다른 개인적 목적이나 동기가 있더라도 비방할 목적이 있다고 보지는 않습니다.

공공의 이익을 위한 것이었는지는 다음을 종합적으로 살펴본 후 판단합니다. 진실한 사실을 적시한 것인지, 그 표현이 널리 국가, 사회 그리고 다수의 사람들 혹은 어떤 사회집단 구성원 전체의 이익에 관계된 것이었는지 등을 뜯어봅니다. 예를 들어 대법원에서는 병원의 시술 결과가 만족스럽지 못하다는 댓글을 작성한 사례에 대해 사실을 적시한 것은 맞지만 비방할 목적은 없었다고 보았습니다. 시술 결과에 대한 평가는 해당 병원을 이용할 다른 많은 사람의 이익과 관계된 것이므로 주요한 동기, 목적이 공공의 이익에 관한 것이라고 판단한 것이지요.[44]

〈사례 ⑥〉에서 A는 B에 대한 거짓 소문을 콘텐츠로 만들어 인터넷 방송을 했습니다. 이는 사람을 비방할 목적으로 정보통신망을 통해 허위 사실을 적시하여 명예를 훼손한 것이라고 볼 수 있겠지요. 따라서 B는 정보통신망법 제70조 제2항의 명예훼손죄로 처벌받을 수 있습니다.

우리는 인스타그램, 카카오톡, 유튜브 등 SNS에 익숙합니다. 무심코 활용하다 명예훼손을 저지를 수도 있습니다. 물론 피해자가 될 수도 있고요. 최근 사이버 명예훼손을 저지르는 청소년이 많아졌습니다. 범죄임을 알지 못해 발생하는 것은 아닐까요.

한 예로 학교에서는 조용하지만 인스타그램에서는 인기 많은 친구의 글에 "얘 학교에서는 친구도 없던데, 실물도 완전 다름. 뽀샵 작작해라"라고 댓글을 달았다면 어떻게 될까요? 정보통신망을 통해 '친구를 비방할 목적으로 공연히 사실을 드러내어' SNS 계정 주인의 명예를 훼손했다고 볼 수 있습니다. 정보통신망법상 명예훼손이 인정될 수 있는 것이지요.

username

⑥

게임에서 져서 팀원에게
성적인 욕을 했어요!

2,456 likes
username #photo

〈사례 ❼〉

A는 팀을 짜서 인터넷 게임을 했는데 팀원 B가 실수를 해서 지고 말았습니다. A는 B에게 일대일로 말을 걸어 욕을 합니다. 그 과정에서 B가 여성이라는 사실을 알고는 여성의 성기를 가리키는 욕을 합니다. B는 그만하라고 했습니다. 하지만 화를 주체할 수 없었던 A는 성적인 의미의 욕을 계속 보냈습니다. A가 일대일 채팅으로 B에게 성적인 욕을 보낸 것은 어떤 범죄일까요?

A는 B에게 일대일로 말을 걸어 욕을 했습니다. 이건 모욕죄에 해당할까요?

앞에서 명예훼손죄는 '공연히' 사실 또는 허위 사실을

적시하여 그 사람의 평판이 나빠졌을 때 성립한다고 했는데요, 모욕죄도 마찬가지예요. '공연히' 모욕해 그 사람의 평판이 나빠졌을 때 성립해요.

〈사례 ⑦〉처럼 일대일 채팅으로 상대방에게 욕을 한 것은 공연성이 있다고 볼 수 있을까요? 다른 사람들이 없는 곳에서 욕한 것이니, 공연성이 없다고 볼 수 있습니다. 즉 모욕죄에는 해당하지 않지요. 그렇다면 A는 아무 죄가 없을까요?

| 통신매체이용음란죄란? | 🔍 |

A의 행위는 모욕죄에는 해당하지 않지만 통신매체이용음란죄에는 해당할 수 있습니다. 통신매체이용음란죄는 또 무엇일까요? 우리나라에는 '성폭력범죄의 처벌 등에 관한 특례법'이라는 법률이 있습니다. 말 그대로 성폭력 범죄를 어떤 절차에 따라 처벌할지 규정한 법률인데요, 이 법률 제13조에서는 통신매체를 이용한 음란 행위를 다음처럼 규정하고 있습니다.

> 제13조(통신매체를 이용한 음란행위) 자기 또는 다른 사람의 성적 욕망을 유발하거나 만족시킬 목적으로 전화, 우편, 컴퓨터, 그 밖의 통신매체를 통하여 성적 수치심이나 혐오감을 일으키는 말, 음향, 글, 그림, 영상 또는 물건을 상대방에게 도달하게 한 사람은 2년 이하의 징역 또는 2천만원 이하의 벌금에 처한다.

통신매체이용음란죄가 성립하려면 먼저, '자기 또는 다른 사람의 성적 욕망을 유발하거나 만족시킬 목적'이 있어야 합니다. 이런 목적이 있었는지 없었는지는 가해자와 피해자의 관계, 음란 행위를 한 이유나 경위, 음란 행위 내용과 방법 등 여러 사정을 종합해서 판단합니다.

여기서 '성적 욕망'에는 성관계를 직접적인 목적이나 전제로 하는 욕망뿐만 아니라, 상대방을 성적으로 비하하거나 조롱하는 등 상대방에게 성적 불쾌감을 줌으로써 자신의 심리적 만족을 얻고자 하는 욕망도 포함된다는 것이 대법원의 입장입니다. 또한 상대방에 대한 분노를 성적인 말로 풀려고 시도한 것도 성적인 욕망에 해당할 수 있습니다. 이를테면 성적인 메시지를 보낸 경우도 이 죄에 해당할 수 있다는 것입니다.[45] 실제로 피고인이 피해자에게 성기를 비하하고 성적인 매력이 없다는 취지의 문자 메시지를 반복해서 보낸 경우 성적 욕망을 만족시킬 목적이 있는 것으로 판단되었지요.

다만 성과 관련된 욕이나 비속어를 사용했어도 그러한 표현이 그 말을 한 사람의 성적 욕망을 유발하거나 만족시킬 목적이었다고 보기 어렵다는 고등법원의 판례도 있습니다. 두 사람은 게임 커뮤니티에서 만났습니다. 당시 가해자는 피해자의 성별이나 나이를 전혀 모르는 상태였어요. 가해자가 피해자 어머니를 대상으로 성적인 욕을 한 건 '성적 욕망'이 있어서라기보다는 피해자를 모욕해 분노하게 함으로써 통쾌함, 만족감을 얻으려는 것이 주목적이었다고 볼 수 있는 것이지요.[46] 〈사례 ⑦〉도 비슷한 경우입니다.

물론 이런 판례를 믿고 모르는 사람에게 일대일로 말을 걸어 성적인 비속어를 마음껏 써도 되겠다고 생각하면 안 됩니다. 모르는 사람이라도 어떤 상황이었는지, 어떤 말을 했는지에 따라 이 죄에서 말하는 '성적 욕망을 유발하거나 만족시킬 목적'이 인정될 수도 있으니까요.

　제13조에서 말하는 '성적 수치심*이나 혐오감을 일으키는 말, 음향 등'은 무엇일까요? 피해자에게 단순히 부끄러움, 불쾌감을 넘어 인격적 존재로서 모욕감이나 싫어하고 미워하는 감정을 느끼게 하는 것을 말합니다. 이 경우 피해자와 같은 성별, 연령대의 일반적이고 평균적인 사람들을 기준으로 삼아 성적 수치심이나 혐오감 등

성적 수치심

법무부 산하 조직인 '디지털 성범죄 등 대응 전문위원회'는 2022년 3월 24일 성범죄 처벌 법령상 '성적 수치심'이라는 용어는 부적절하므로, 피해자가 아닌 가해자의 행위에 중심을 둔, 성 중립적인 법률 용어로 변경할 필요가 있다는 권고안을 내놓았습니다. 즉 침해되는 법익과 가해 행위 중심의 법률 용어인 '사람의 신체를 성적 대상으로 하는' 등의 문구로 변경하기를 권고한 것입니다.[47] 아직까지는 성적 수치심이라는 용어가 그대로 쓰여 있고, 법원에서도 성적 수치심이라는 용어로 판결을 내리고 있어서 이 책에서는 그대로 썼지만, 달라져야 할 용어입니다.

을 느끼게 했는지 판단합니다. 피해자의 동의를 받아 촬영한 사진이라도 성적 수치심을 일으키는 사진이라면 이를 핸드폰 메신저 등으로 타인에게 보내면 통신매체이용음란죄가 성립할 수 있습니다.[48] 제13조에 따르면 '성적 수치심이나 혐오감을 일으키는 영상을 상대방에게 도달하게 한 사람'이 처벌받게 돼 있기 때문이지요.

여기서 '도달'은 상대방이 성적 수치심을 느낄 수 있는 그림 등을 직접 접하게 한 경우에 한정하지 않고, 실제로 해당 그림 등을 인식할 수 있는 상태에 두는 것도 해당합니다. 예를 들면, 성적 수치심을 불러일으킬 수 있는 그림 등을 상대방이 볼 수 있게 웹 페이지 링크를 보내는 행위예요. 이때 상대방은 바로 눌러 볼 수 있으니까요. 그래서 이런 경우도 '도달'이라고 보는 것이지요. 실제로 대법원에서는 자신의 사진이 들어 있는 드롭박스 링크를 보낸 경우 피해자가 링크를 눌러 별다른 제한 없이 성적 수치심을 일으키는 그림 등에 바로 접할 수 있는 상태가 조성되었다면, 이런 행위는 성적 수치심을 일으키는 그림 등을 상대방에게 도달하게 한다는 구성 요건을 충족한다고 보아야 한다고 했습니다.[49]

통신매체이용음란죄는 명예훼손죄나 모욕죄와 달리 피해자가 특정될 것을 요건으로 하지 않습니다. 즉 여러 사람에게 성적 혐오감을 불러일으킬 수 있는 메시지를 보내 '도달'하게 하면 바로 적용되는 것입니다. 예를 들어 게임을 하다 만난, 실제로 누군지 모르는 상대방의 닉네임을 향해 성적인 욕을 했을 때에도 성립할 수 있습니다. 실제로 다산 콜센터 상담사인 피해자에게 성적인 문자 메시지를 보낸 경우에도 이 죄로 처벌했습니다.[50]

또한 명예훼손죄나 모욕죄와는 달리 공연성을 요건으로 하지 않기 때문에, 비밀채팅이나 DM 같은 일대일 채팅을 통해 한 행위도 통신매체이용음란죄로 처벌받을 수 있습니다. 실제로 피해자에게 전화를 걸어 일대일로 성적인 말을 했을 때[51], 이메일로 음란한 내용을 보낸 경우[52], 카카오톡 메신저에서 일대일로 대화할 때 성관계 사진 등을 보낸 경우[53] 모두 통신매체이용음란죄 유죄 판결이 나왔습니다.

〈사례 ⑦〉로 돌아가 보겠습니다. A는 통신매체이용음란죄로 처벌받을까요? 이와 아주 비슷한 사례가 있었고, 처벌받았습니다.[54] 사이버 공간에서 다른 사람에게 모욕적인 말을 할 때에는 모욕죄뿐 아니라 통신매체이용음란죄에도 해당할 수 있다는 점 명심해야겠지요? 특히 통신매체이용음란죄는 성범죄입니다. 이 범죄로 판결 나면, 성폭력 치료 프로그램을 이수해야 할 수도 있고, 일정 기간 동안 아동·청소년 관련 기관이나 장애인 복지시설 등에 취업도 못 할 수 있습니다.

한편, 인터넷 게임에서 만난 사람이 아닌 같은 반 친구나 학원에서 알게 된 친구 등에게 성적인 욕이 담긴 메시지를 보낸 경우에는 어떻게 될까요? 상대방이 동성의 친구라면요? 일단 모르는 사람보다 아는 사람에게 성적인 메시지를 보낸 경우에 통신매체이용음란죄가 성립할 가능성이 매우 높습니다. 모르는 사람이 아닌 어떤 친구를 괴롭힐 목적으로 성적인 메시지나 사진 등을 지속적으로 보낸다면 성적 욕망이 있는 것으로 판단될 가능성이 더욱 높지요. 실제로 직장 동료였던 사람이 피해자에게 남성 성기 영상을 8회 전송한 경우에 통신매체이용음란죄가 인정되었고[55], 군대 내 선임 부사관이 후임 부사관에게 전화해서 자신의 성관계 경험을 이야기하고, 성관계 경험 여부를 반복해서 물은 경우에도 인정되었습니다.[56] 하지만 피해자의 성별이나 나이를 전혀 모르고 일면식도 없는 상태에서 성적인 욕설을 한 경우에는 자기 또는 다른 사람의 성적 욕망을 유발하거나 만족시킬 목적이 있었다고 보기 어렵다고 본 사례도 있습니다.[57]

또한, 자기 또는 다른 사람의 성적인 욕망을 유발하거나 만족시킬 목적이 있다면, 상대방이 동성이든 이성이든 관계없이 성립할 수 있습니다. 상대방의 성별은 '성적 욕망'이 있었는지 판단할 때 고려는 하겠지만 동성이라고 해서 이 죄가 성립할 수 없는 것은 아닙니다. 즉 동성의 친구든 이성의 친구든 그 친구를 괴롭히기 위해 친구에게 핸드폰으로 성적인 메시지, 사진 등을 지속적으로 보낸다면 이는 통신매체이용음란죄에 해당할 수 있습니다.

온라인으로 누군가를 괴롭히면, 명예훼손죄·모욕죄만 문제가 되는 것이 아니라는 사실, 잊지 마세요!

3장.

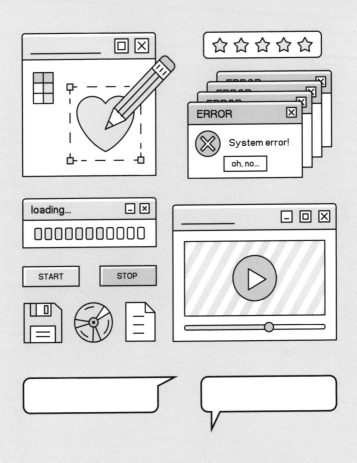

명예훼손, 모욕을 당했다면
이렇게 하세요!

이렇게
대처하세요!

지금까지 일상생활에서 겪을 수 있는 다양한 명예훼손, 모욕 사례를 살펴보았습니다. 우리는 언제나 누군가의 명예를 훼손하고 모욕할 수 있고, 반대로 누군가로부터 명예를 훼손당하거나 모욕을 당할 수 있습니다. 누구든지 상황에 따라 가해자가 될 수도, 피해자가 될 수도 있는 것이지요.

이 책에서 맨 처음 얘기했던 촉법소년 기억나지요? 10세 이상이면 죄를 지을 경우 어떤 형태로든 벌을 받을 수 있습니다. 촉법소년이어도 말이지요. 따라서 가해자가 10세 이상이라면 피해자인 나는 고소를 할 수 있습니다. 또한 가해자의 부모를 상대로 해서 민사상 손해배상 청구도 할 수 있습니다.

범죄 피해를 당했을 때 가장 중요한 것은 증거를 모으는 것입니다. 만일 채팅 창을 통해 메시지가 온 경우라면 그 창을 꼭 캡처하세요. 인터넷 게시판 같은 곳에 올라온 글이라면 그 게시판을 캡처하면 되고요.

말로 명예훼손이나 모욕을 당하는 상황이라면 핸드폰에 녹음하세요. 영상을 찍을 수 있는 상황이라면 찍어 놓는 것도 좋습니다. 녹음하기도 영상을 찍기도 어려운 상황이라면 주변에 있던 사람에게 증인이 되어 달라고 할 수밖에 없습니다. 그러니 그 사람이 모르는 사람이라면, 연락처를 꼭 받아 놓으세요. 다행히 그 사람이 증인이 되어 주겠다고 하면, 그 사람은 경찰서에 출석해 '참고인 조사'를 받아야 합니다. 범죄 사실 여부를 밝혀 주고, 범죄 사실을 목격했다는 '사실확인서'도 써 주어야 하지요.

사실확인서는 수사나 재판 과정에서 증거 자료로 제출될 수 있는데요, 정해진 양식이 있는 것은 아닙니다. 하지만 '누가, 언제, 어디에서, 무엇을, 어떻게'가 들어가도록 구체적인 사실을 기재하는 것이 좋습니다. 사실확인서에는 작성자의 이름, 연락처, 주소 그리고 작성 일자가 기재되어야 합니다. 사실확인서를 제출할 때는 작성자의 신분증, 인감증명서 등 신분 확인 문서도 첨부해야 합니다.

다음은 예를 들어 작성해 본 사실확인서입니다.

사 실 확 인 서

사 건 번 호:

피 고 인:

성   명:

주민등록번호:

주   소:

전 화 번 호:

상기인은 다음 기재 사항이 사실임을 확인합니다.

다 음

상기 본인은 이 사건 당사자인 A, E와 같은 고등학교 같은 반에 재

학 중인 친구입니다.

상기인은 2024. 3. 2. 14시경 ○○ 고등학교 대강당에서 A가 상

기인을 포함한 B, C, D를 불러 "E가 중학교 때 왕따였던 거 알아?

입 냄새 나서 애들 다 싫어했어. 다른 애들 물건도 훔치고 다녔어"라

는 말을 하는 것을 들었습니다. 상기인이 그 말을 믿을 수 없어 진짜냐고 물어보았는데 A가 강력하게 진짜라고 하여 상기인은 그 말을 사실로 믿었습니다. 위 기재 사항은 사실이며, 확인이 필요할 경우 상기인이 출석하여 진술하도록 하겠습니다.

(이 사건 당사자와의 관계, 이 사건과 관련하여 사실확인할 내용을 상세히 작성합니다.)

※ 첨부서류 : 신분증 사본 1부

년 월 일

상기인 　　　 (인)

○ ○ 지 방 법 원 　귀 중

심각하게 모욕이나 명예훼손을 당했다면 가해자를 고소해서 형사처벌이나 보호처분을 받도록 해야 할 것입니다. 그런데 가해자가 누구인지 모르는 경우는 어떻게 해야 할까요? 특히 인터넷 익명 게시판이나 오픈채팅방 같은 곳에서는 가해자를 알기 어렵습니다.

가해자가 누군지 모르면 고소할 수 없다고 생각할 수 있지만, 그렇지 않습니다. 수사기관에서 찾아낼 수 있습니다. 수사기관에서는 정보통신서비스 제공자에게 가해자의 신원 정보를 요청하기도 하고, IP주소·통신사 추적 등을 통해 찾아내기도 합니다.

다만 유튜브, 인스타그램, 페이스북 같은 미국에 본사를 둔 SNS에서 가명으로 활동하는 사람에게 명예훼손 등의 피해를 입은 경우에는 수사가 어려울 수 있습니다. 미국에서는 명예훼손을 대부분 형사처벌하지 않아 해당 업체에서 가해자의 신원 정보를 제공해 주지 않기 때문입니다. 따라서 이 경우에는 가해자를 찾지 못할 수 있습니다.

　정보통신망을 통해 명예훼손에 해당하는 정보들이 빠르게 퍼지는 것을 막는 것도 피해를 줄이는 방법이 되겠지요?

　만일 인터넷 같은 정보통신망을 통해 명예훼손 등을 당한 경우, 피해자는 해당 정보를 삭제하거나 게시글을 반박하는 내용을 게재해 달라고 정보통신서비스 제공자(인터넷 플랫폼이나 게시판을 운영하는 사람)에게 요청할 수 있습니다(정보통신망법 제44조의2).

　정보통신서비스 제공자는 정보 삭제 요청을 받으면 즉시 삭제하거나 임시 조치를 해야 합니다. 그리고 삭제를 요청한 사람과 그 글을 게시한 사람 모두에게 이런 사실을 알려야 합니다. 여기서 임시 조치란 정보통신서비스 제공자가 정보 삭제 요청을 받았을 때 정말 권리를 침해한 것이 맞는지 아닌지 판단하기 어렵거나 삭제를 요청한 사람과 게시한 사람 간에 다툼이 있으리라 예상되는 경우, 해당 정보에 대한 접근을 임시로 차단하는 것을 말합니다. 임시 조치 기간은 30일 이내입니다. 꼭 요청을 받지 않더라도 정보통신서비스 제공자는 자신이 운영하거나 관리하는 정보통신망에 유통되는 정보가 사생활 침해나 명예훼손 등 타인의 권리를 침해한다고 인정되면 임시 조치를 할 수 있습니다.

고소장

쓰는 방법

사실 고소를 할 때에는 변호사를 비롯한 법률전문가의 도움을 받는 것이 좋습니다. 법률전문가의 도움을 받을 경우 사실관계에 맞는 죄목을 적용해서 적절한 증거를 갖추어 고소할 수 있습니다. 다만 부득이하게 스스로 고소장을 작성해야 한다면 다음을 참고해 주세요.

고소장 쓰기

고소장 양식은 경찰청에서 다운받으면 돼요.[58] 양식에는 고소인과 피고소인의 신원 정보를 먼저 작성하고, 고소 취지와 범죄 사실, 고소 이유를 작성하도록 되어 있습니다. 그리고 이 고소장을 제출할 관할 경찰서도 적게 되어 있습니다.

관할 경찰서는 범죄가 발생한 곳이나 피의자의 주소를 관할하는 곳을 말합니다. 피의자 정보를 모를 경우에는 고소인이 사는 곳에서 가까운 경찰서에 우선 접수할 수 있습니다. 참고로 정보통신망을 통해 명예훼손, 모욕을 당한 경우 범죄자나 피의자가 불명확하다면 특별한 사정이 없는 한 사건을 최초로 접수한 관서를 사건의 관할 경찰서로 할 수 있습니다(경찰청 사건의 관할 및 관할사건수사에 관한 규칙 제5조, 제6조).

고소장 작성 요령은 다음 예시를 참고해 보세요.

고 소 장

(고소장 기재 사항 중 * 표시된 항목은 반드시 기재하여야 합니다.)

1. 고소인*

성 명 (상호·대표자)	홍길동	주민등록번호 (법인등록번호)	091111 - 3222222
주 소 (주사무소 소재지)	동서시 남북구 신출동 123-1 (현 거주지)		
직 업	학생	사무실 주소	
전 화	(핸드폰) 010-1111-1111 (자택)　　　　(사무실)		
이메일	abc123@abc.co.kr		
대리인에 의한 고소	☑ 법정대리인 (성명 : 홍판서 , 연락처 010-2222-1111 　) □ 고소대리인 (성명 : 변호사 , 연락처　　　　　　　　)		

※ 고소인이 법인 또는 단체인 경우에는 상호 또는 단체명, 대표자,
　법인등록번호(또는 사업자등록번호), 주된 사무소의 소재지, 전화
　등 연락처를 기재해야 하며, 법인의 경우에는 법인등기부 등본이
　첨부되어야 합니다.
※ 미성년자의 친권자 등 법정대리인이 고소하는 경우 및 변호사에
　의한 고소대리의 경우 법정대리인 관계, 변호사 선임을 증명할 수
　있는 서류를 첨부하시기 바랍니다.

2. 피고소인*

성 명	알 수 없음	주민등록번호	
주 소			(현 거주지)
직 업		사무실 주소	
전 화	(핸드폰)	(자택)	(사무실)
이메일			
기타사항			

※ 기타사항에는 고소인과의 관계 및 피고소인의 인적사항과 연락처
를 정확히 알 수 없을 경우 피고소인의 성별, 특징적 외모, 인상착
의 등을 구체적으로 기재하시기 바랍니다.

3. 고소취지*

※ 죄명 및 피고소인에 대한 처벌의사를 기재합니다.

고소인은 피고소인을 정보통신망 이용촉진 및 정보보호 등에 관한 법
률 제70조 제2항 위반의 죄로 고소하오니 처벌하여 주시기 바랍니다.

4. 범죄사실*

※ 범죄사실은 형법 등 처벌법규에 해당하는 사실에 대하여 일시, 장소, 범행방법, 결과 등을 구체적으로 특정하여 기재해야 하며, 고소인이 알고 있는 지식과 경험, 증거에 의해 사실로 인정되는 내용을 기재하여야 합니다.

피고소인은 2023. 4. 10. 13시 30분경 A학교 학생들이 주로 이용하고 있는 B사이트(www.B.co.kr) 익명 게시판에 고소인에 대하여 "홍길동은 도둑놈이다. 작년에 홍길동과 같은 반이었던 친구 말로는 그 반 친구들 태블릿PC, 시계, 핸드폰이 자주 없어졌다고 한다. 그런데 홍길동이 없어진 물건을 갖고 다니는 것을 누가 봤다고 했다. 홍길동이 반에 혼자 남아 수상한 행동을 하는 걸 본 친구도 있다. 결국 홍길동이 도둑이었다. 홍길동이랑 같은 반 된 사람들은 홍길동 조심해라."라는 허위 사실을 작성하여 고소인의 명예를 훼손하였다.

5. 고소이유

※ 고소이유에는 피고소인의 범행 경위 및 정황, 고소를 하게 된 동기와 사유 등 범죄사실을 뒷받침하는 내용을 간략, 명료하게 기재해야 합니다.

고소인은 2022년도에 A학교 1학년 3반에 다니고 있었습니다. 당시 1학년 3반에서는 체육시간마다 태블릿PC, 시계, 핸드폰이 자주 없어지는 사건이 있었습니다. 당시 고소인은 빈혈이 심해 체육 시간에 양호실을 간 적이 많은데, 그로 인하여 같은 반 친구들로부터 도둑으로 의심

받았고, 심지어 따돌림을 당하기까지 하였습니다. 심지어 고소인이 들고 다니는 태블릿PC가 없어진 것과 같은 모델이라며 고소인을 완전히 도둑으로 몰아가는 일도 있었습니다. 그러나 학교 CCTV를 통해 확인한 결과 물건을 훔친 사람은 학교에 몰래 들어온 외부인이었고, 실제 그 외부인이 처벌을 받았습니다(증 제1호증 판결문).

그런데 고소인이 2학년이 되어 새로운 반에 배정된 후인 2023. 4. 10. 13시 30분경 A학교 학생들이 많이 이용하는 B사이트 익명 게시판에 "홍길동은 도둑놈이다. 작년에 홍길동과 같은 반이었던 친구 말로는 그 반 친구들 태블릿PC, 시계, 핸드폰이 자주 없어졌다고 한다. 그런데 홍길동이 없어진 물건을 갖고 다니는 것을 누가 봤다고 했다. 홍길동이 반에 혼자 남아 수상한 행동을 하는 걸 본 친구도 있다. 결국 홍길동이 도둑이었다. 홍길동이랑 같은 반 된 사람들은 홍길동 조심해라."라는 글이 올라왔습니다(증 제2호증 게시글 캡처본).

이는 위에서 밝힌 대로 명백한 허위 사실입니다. 고소인은 물건을 훔친 사실이 전혀 없습니다. 이미 진범이 잡혀 당시 같은 반이었던 친구들은 그 사실을 다 알고 있음에도 누군가 악의적으로 위와 같은 글을 작성한 것입니다. 이 글 내용이 계속 퍼지면서 고소인은 또다시 같은 반 친구들로부터 도둑이라는 의심을 받게 되었고 따돌림과 괴롭힘의 대상이 되었습니다. 고소인은 이 글로 인하여 큰 고통을 받고 있습니다.

부디 이 글을 작성한 사람을 정보통신망 이용촉진 및 정보보호 등에 관한 법률 제70조 제2항 위반의 죄로 강력하게 처벌하여 주시기 바랍니다.

6. 증거자료

(■ 해당란에 체크하여 주시기 바랍니다)

☐ 고소인은 고소인의 진술 외에 제출할 증거가 없습니다.

☑ 고소인은 고소인의 진술 외에 제출할 증거가 있습니다.

☞ **제출할 증거의 세부내역은 별지를 작성하여 첨부합니다.**

7. 관련사건의 수사 및 재판 여부*

(■ 해당란에 체크하여 주시기 바랍니다)

① 중복 고소 여부	본 고소장과 같은 내용의 고소장을 다른 검찰청 또는 경찰서에 제출하거나 제출하였던 사실이 있습니다 ☐ / 없습니다 ☑
② 관련 형사사건 수사 유무	본 고소장에 기재된 범죄사실과 관련된 사건 또는 공범에 대하여 검찰청이나 경찰서에서 수사 중에 있습니다 ☐ / 수사 중에 있지 않습니다 ☑
③ 관련 민사소송 유무	본 고소장에 기재된 범죄사실과 관련된 사건에 대하여 법원에서 민사소송 중에 있습니다 ☐ / 민사소송 중에 있지 않습니다 ☑

기타사항

※ ①, ②항은 반드시 표시하여야 하며, 만일 본 고소내용과 동일한 사건 또는 관련 형사사건이 수사·재판 숭이라면 어느 검찰청, 견찰

서에서 수사 중인지, 어느 법원에서 재판 중인지 아는 범위에서 기타사항 난에 기재하여야 합니다.

8. 기타 　　(고소내용에 대한 진실확약)

본 고소장에 기재한 내용은 고소인이 알고 있는 지식과 경험을 바탕으로 모두 사실대로 작성하였으며, 만일 허위 사실을 고소하였을 때에는 형법 제156조 무고죄로 처벌받을 것임을 서약합니다.

2023 년 4월 25일*

고소인 　홍길동 　(인)*

제출인 　홍판서 　(인)

※ 고소장 제출일을 기재하여야 하며, 고소인 난에는 고소인이 직접 자필로 서명 날(무)인 해야 합니다. 또한 법정대리인이나 변호사에 의한 고소대리의 경우에는 제출인을 기재하여야 합니다.

남북 경찰서 귀중

※ 고소장은 가까운 경찰서에 제출하셔도 됩니다.

별지 : 증거자료 세부 목록

(범죄사실 입증을 위해 제출하려는 증거에 대하여 아래 각 증거별로 해당 난을 구체적으로 작성해 주시기 바랍니다)

1. 인적증거 (목격자, 기타 참고인 등)

성 명		주민등록번호		
주 소	자택: 직장:		직업	
전 화	(핸드폰)	(자택)	(사무실)	
입증하려는 내용				

※ 참고인의 인적사항과 연락처를 정확히 알 수 없으면 참고인을 특정할 수 있도록 성별, 외모 등을 '입증하려는 내용'란에 아는 대로 기재하시기 바랍니다.

2. 증거서류 (진술서, 차용증, 각서, 금융거래내역서, 진단서 등)

순번	증거	작성자	제출 유무
1	판결문		☑ 접수시 제출　□ 수사 중 제출
2	게시글 캡처본		☑ 접수시 제출　□ 수사 중 제출
3			□ 접수시 제출　□ 수사 중 제출
4			□ 접수시 제출　□ 수사 중 제출
5			□ 접수시 제출　□ 수사 중 제출

※ 증거란에 각 증거서류를 개벌직으로 기재하고, 제출 유무란에는 고소장 접수시 제출하는지 또는 수사 중 제출할 예정인지 표시하

시기 바랍니다.

3. 증거물

순번	증거	소유자	제출 유무
1			☐ 접수시 제출 ☐ 수사 중 제출
2			☐ 접수시 제출 ☐ 수사 중 제출
3			☐ 접수시 제출 ☐ 수사 중 제출
4			☐ 접수시 제출 ☐ 수사 중 제출
5			☐ 접수시 제출 ☐ 수사 중 제출

※ 증거란에 각 증거물을 개별적으로 기재하고, 소유자란에는 고소
　장 제출시 누가 소유하고 있는지, 제출 유무란에는 고소장 접수시
　제출하는지 또는 수사 중 제출할 예정인지 표시하시기 바랍니다.

4. 기타 증거

　관할 경찰서에 고소장을 제출하면 담당 수사관이 배정됩니다. 고소인이 미성년자인 경우 법정대리인, 부모나 조부모 등의 직계친족에게 수사 진행 상황이 통지될 수 있습니다(경찰청 범죄수사규칙 제13조).

　고소인은 담당 수사관과 일정을 맞추어 조사를 받게 됩니다. 고소한 사실, 배경 등에 대해 더 구체적인 질문을 받을 수 있습니다.

　고소인 조사가 끝난 후에는 피고소인에 대한 조사가 진행되는데요. 피고소인은 내가 고소한 사람, 즉 고소를 당한 사람을 말해요. 수사기관으로부터 범죄 혐의가 있다고 여겨져 입건되면 피의자가 됩니다. 피고소인 또는 피의자를 알 수 없는 경우에는 누구인지 찾습니다. 정보통신서비스 제공자에게 정보를 받거나, IP주소 추적 등이 진행됩니다.

　피고소인 또는 피의자가 특정되면 소환해서 피의자 조사를 합니다. 증인이 있다면 참고인 조사도 진행될 수 있습니다.

　고소한 건을 검찰에서 기소하면 형사재판이 시작됩니다. 검찰이 기소하면 그때부터 피의자는 '피고인'이 되지요.

　기소起訴는 검사가 형사사건에 대해 심판해 달라고 법원에 요청하는 일을 말해요. 형사사건은 형법의 적용을 받는 사건을 의미합니다. 기소에는 정식기소와 약식기소가 있어요. 둘의 차이점은 정식재판을 거치느냐에 있습니다. 정식기소를 한 경우에는 법원에서 정식재판을 열어 유죄 여부를 판단하고, 약식기소를 한 경우에는 정식재판 없이 법원에서 약식명령을 내립니다.

　보통 모욕이나 명예훼손과 같이 벌금형이 주로 내려지는 범죄는 검사가 약식기소를 합니다. 만약 판사가 약식명령을 하는 것이 부적절하다고 판단하는 경우(형사소송법 제450조),검사 또는 피고인이 정식재판을 청구한 경우(형사소송법 제453조)에는 정식재판이 진행될 수도 있습니다. 이 경우 보통의 형사재판 절차에 따라서 재판이 진행됩니다. 형사재판은 흔한 법정 드라마 장면을 떠올리면 됩니다. 피고인을 기소한 검사와, 피고인 측 변호인이 변론을 하고, 법원의 판결을 받지요.

피고인이 미성년자인 경우에는 국선변호인*이 선정될 수 있습니다(형사소송법 제33조 제1항). 보통은 가정법원에서 소년보호재판을 받고 보호처분을 받습니다.

국선변호인

대한민국 헌법 제12조에 따르면 누구든지 형사소송 등의 일로 체포나 구속된 때에는 즉시 변호인의 조력을 받을 권리를 가집니다. 다만, 피고인이 스스로 변호인을 구할 수 없을 때는 법률에 따라 국가가 변호인을 붙여 줍니다. 법원이 직권으로 변호인을 붙이는 사유는 형사소송법 제33조에 규정돼 있어요. 피고인이 구속된 때, 미성년자인 때, 70세 이상인 때, 듣거나 말하는 데 모두 장애가 있을 때, 심신장애가 있는 것으로 의심될 때, 사형·무기 또는 단기 3년 이상의 징역이나 금고에 해당하는 사건으로 기소된 때에 국선변호인을 붙입니다.

그 밖에도 법원은 피고인이 너무 가난해서 변호인을 선임할 수 없는 경우에 피고인이 청구하면 국선변호인을 선정해야 하고, 피고인의 나이나 지능, 교육 정도 등을 참작해 권리를 보호힐 필요가 있다고 인정하면 피고인의 의사에 반하지 않는 범위에서 국선변호인을 선정해야 합니다.

만일 가해자에게 보호처분이나 유죄 판결이 내려지면 민사상 손해배상 청구를 할 수 있습니다. 손해배상 청구는 늘 할 수 있는 건 아니고 고의나 과실이 있어야 가능한데요. 명예훼손을 예로 들면, 가해자가 고의로 또는 부주의하게 피해자의 명예를 훼손했어야 합니다. 명예훼손은 본인이 어떤 사실을 적시해서 성립하기 때문에 사실상 최소한의 과실도 없이 행하는 것은 상상하기 어렵겠지요.

앞서 말했듯이 미성년자도 민사상의 책임을 집니다. 다만 미성년자의 경우 자기 행위의 책임을 분별할 지능이 없는 것으로 인정되면 손해배상의 책임이 없을 수 있습니다. 일률적으로 정해져 있지는 않지만, 법원에서는 보통 중학생(15세 내외) 정도면 책임을 분별할 능력이 있다고 봅니다. 이 경우 그 미성년자를 감독할 법정 의무가 있는 사람(예를 들면 부모)이 감독 의무를 제대로 이행하지 않았다면 그 사람이 피해를 배상하게 될 수 있습니다(민법 제753조, 제755조). 민사소송의 경우에도 전문적인 지식이 필요하므로 법률전문가의 도움을 받는 것이 좋습니다.

후기
나도 친구도 상처받지 않으려면

"당연히 자유롭게 우리는 글을 쓸 수 있고 말을 할 수 있습니다. 그러나 펜은 칼보다 강하고 발 없는 말은 천 리를 가기 때문에, 당신이 쥐고 있는 펜과 말은 무거워야 한다는 점을 잊으면 안 됩니다."

누군가 표현의 자유에 대해 물으면 늘 이렇게 대답했습니다.

표현의 자유는 우리가 피땀 흘려 얻은 소중한 헌법상의 권리이고, 지금의 민주주의 사회를 만든 토대이기도 합니다. 그렇지만 권리에는 늘 책임이 따릅니다. 특히 말은 전파력이 강하고 그 말을 내뱉을 때 상당한 책임이 따른다는 것은 인터넷이 없던 시절에도 충분히 강조되었습니다.

기술이 점점 발전하면서 정보를 주고받을 수 있는 매개체는 더욱 다양해졌고, 우리는 초 단위로 수많은 정보에 노출됩니다. 발 없는 말은 이제 천 리에서 멈추는 것이 아니라 광년을 뛰어넘는 속도로 모두에게 갈 수 있게 되었습니다. 그런데도 표현의 자유라는 명분을 내세워 나의 말이 누군가에게 상처를 줄 수 있다는 사실을 쉽게 간과합니다. 빠른 파급 효과 때문에 과거와는 비교할 수 없을 정도로 피해자는 크게 상처를 입고 회복도 쉽지 않은 데 말이지요.

최근 온라인 괴롭힘 때문에 정신건강의학과를 찾거나 스스로 목숨을 끊는 사람이 있다는 뉴스를 본 적이 있을 것입니다. 이들 중에는 청소년도 많은데 대부분 가해 청소년은 무엇을 잘못했는지 모르는 경우가 많다고 합니다. 그냥 친구가 하니까, 소외당하기 싫어서, 장난으로 한 건데…라고 합니다. 자신의 말이 누군가를 지옥으로 내몰 수 있다는 걸 명심해야 할 것입니다. 괴롭힘의 대상이 자신이 될 수 있다는 점도 말이지요.

의사들은 메스를 잡기 전에 히포크라테스 선서를 합니다. 메스가 흉기가 아닌 사람을 살리는 도구로 신중하게 쓰이도록 하기 위해서지요. 말도 마찬가지입니다. 우리는 빠르게 발전하는 기술 위에 올라탄 말을 신중하게 써야 합니다. 그 말이 흉기가 되지 않게 해야 할 것입니다.

이 책이 여러분에게 히포크라테스 선서와 같은 지침이 되기를 바랍니다.

주

1 우리나라의 경우 일상생활에서는 '세는나이'를, 법령에서는 '만 나이'를 써 왔다. 그런데 민법을 개정해 2023년 6월 28일부터는 만 나이로 통일하고 법령에서는 '만'을 표기에서 빼기로 했다. 예를 들면 이전엔 '만 14세'로 표기하던 것을 '14세'로 표기하게 된 것이다. 이 책에서도 이후부터는 '만'을 뺐다.

2 서울중앙지방법원 2021. 11. 18. 선고 2021고정1205 판결

3 사안에 따라 다르겠지만, 판례의 경우 대체로 15세 이상 정도면 책임을 인식할 만한 능력이 있다고 보고 있다. [대법원 1989. 5. 9. 88다카2754(16세 5개월 책임 능력 인정), 대법원 1978. 11. 28. 78다1805(14세 2개월 책임 능력 불인정)]

4 서울남부지방법원 2019. 7. 11. 선고 2018나1723, 2019나1119 판결

5 대법원 2014. 3. 13. 선고 2013도12430 판결

6 대법원 2000. 2. 11. 선고 99도4579 판결 참조

7 대법원 2004. 2. 27. 선고 2001다53387 판결 등

8 홍성수, 〈표현의 자유 : 오래된 그러나 여전히 중요한 권리〉, 《KISO저널》 제45호

9 Eric Robinson, "Criminal Libel and Internet", *Media Law Resource Center*, p. 11.

10 박경신, 〈명예의 보호와 형사처벌제도의 폐지론과 유지론-PD수첩 광우병보도 수사에 즈음하여-〉, 계간 《언론중재》(2009), p. 51

11 정태호·김훈집, 〈영국의 명예훼손죄 폐지와 그 교훈〉, 《경희법학》 제50권 1호(2015), pp. 29~31.

12 선동적 명예훼손죄에서 '선동적'이란 표현은 왕, 정치가, 고위 공직자 혹은 국가 체제에 대한 비판이 인민을 선동한다고 보아 붙인 것이다.

13 '사인 간 명예훼손죄'는 개인인 상대방의 명예를 훼손하는 것이다.

14 대법원 2008. 9. 10. 선고 2008도2024 판결

15 서울남부지방법원 2015. 6. 25. 선고 2014고정3586 판결 등

16 대구지방법원 경주지원 2009. 3. 17. 선고 2009고정79 판결

17 대법원 2020. 12. 28. 선고 2020도7988 판결

18 부산지방법원 2009. 11. 5. 선고 2009노2161 판결

19 대법원 2015. 12. 24. 선고 2015도6622 판결. 피고인은 택시 기사와 요금 문제로 시비가 붙자 112에 신고했다. 출동한 경찰관 갑에게 늦게 온 것에 항의하는 과정에서 나온 표현이다.

20 대법원 2007. 2. 22. 선고 2006도8915 판결. "검사는 상고 이유에서 '부모가 그런 식이니 자식도 그런 것이다'는 말만으로도 모욕죄가 성립한다고 주장하나, 그와 같은 표현으로 인하여 상대방의 기분이 다소 상할 수 있다고 하더라도 그 내용이 막연하여 그것만으로 곧 상대방의 명예 감정을 해하여 형법상 모욕죄를 구성한다고 보기는 어렵다"고 판시했다

21 명예훼손죄, 모욕죄로 고소·고발 접수된 사건 수는 2010년 2만 2,777건에서 2020년 7만 9,910건으로 4배가량 늘었다. 그중 명예

훼손(사이버 명예훼손 포함) 사건은 2010년 1만 4,912건에서 2020년 3만 5,518건으로 해마다 꾸준히 증가하고 있고, 모욕죄 관련 사건도 2010년 약 7,865건에서 2020년 4만 4,392건으로 폭증하는 추세다.

22 대법원 2020. 11. 19. 선고 2020도5813 판결(전원합의체)

23 대법원 1996. 7. 12. 선고 96도1007 판결, 대법원 1993. 3. 23. 선고 92도455 판결

24 대법원 2008. 2. 14. 선고 2007도8155 판결

25 대법원 2000. 2. 11. 선고 99도4579 판결, 대법원 1984. 2. 28. 선고 83도891 판결

26 대법원 2020. 11. 19. 선고 2020도5813 판결(전원합의체)

27 판례에 '상대방'이라고 나오는 경우는 그대로 옮겼다.

28 홍영기,《형법: 총론과 각론》, 박영사(2022), pp. 97~98.

29 대법원 1988. 10. 11. 선고 85다카29 판결

30 대법원 2002. 1. 22. 선고 2000다37524, 37531 판결

31 대법원 2008. 2. 14. 선고 2005다75736 판결

32 대법원 2022. 12. 15. 선고 2017도19229 판결

33 심재우,〈조선시대의 모욕죄 처벌〉,《대학지성 In&Out》2022년 9월 17일 자

34 이승민,〈형법상 모욕죄에서 '모욕'의 개념에 대한 연구 : 판례의 태도를 중심으로〉,《서강법률논총》제10권 제1호, pp. 106~107.

35 대법원 2007. 12. 14. 선고 2006도2074 판결

36 대법원 2007. 12. 14. 선고 2006도2074 판결

37 〈배우 지수 '학교 폭력' 폭로자들, 명예훼손 혐의 없음 처분〉,《머니투데이》2023년 1월 17일 자

38 대법원 2012. 1. 26. 선고 2010도8143 판결

39 대법원 2014. 3. 27. 선고 2011도11226 판결

40 대법원 2002. 5. 10. 선고 2000다50213 판결

41 헌법재판소 2008. 6. 26. 선고 2007헌마461 전원재판부 결정

42 대법원 2007. 6. 28. 선고 2007도3438 판결

43 대구지방법원 포항지원 2021. 5. 28. 선고 2020고정135 판결

44 대법원 2009. 5. 28. 선고 2008도8812 판결

45 대법원 2018. 9. 13. 선고 2018도9775 판결

46 의정부지방법원 2022. 10. 27. 선고 2021노3053 판결

47 〈성범죄 처벌 법령상 '성적 수치심' 부적절한 용어 개정〉,《로이슈》2022년 3월 24일 자

48 대법원 2017. 6. 8. 선고 2016도21389 판결

49 대법원 2017. 6. 8. 선고 2016도21389 판결

50 서울북부지방법원 2014. 8. 20. 선고 2014고단1364 판결

51 서울남부지방법원 2004. 8. 4. 선고 2004노521 판결

52 서울중앙지방법원 2003. 9. 18. 선고 2003고정167 판결

53 대법원 2017. 6. 8. 선고 2016도21389 판결

54 울산지방법원 2020. 5. 29. 선고 2020고정271 판결

55 수원지방법원 안산지원 2013. 8. 21. 선고 2013고단1030, 1469(병합) 판결

56 대법원 2022. 9. 29. 선고 2020도11185 판결

57 의정부지방법원 2022. 10. 27. 선고 2021노3053 판결

58 서울경찰청 고소장 다운받는 곳

무심코 댓글을 달았던 십대에게

초판 1쇄 발행 2023년 11월 10일
초판 2쇄 발행 2024년 5월 17일
초판 3쇄 발행 2024년 12월 13일

지은이 | 송시현·현서유
펴낸곳 | (주)태학사
등록 | 제406-2020-000008호
주소 | 경기도 파주시 광인사길 217
전화 | 031-955-7580
전송 | 031-955-0910
전자우편 | thspub@daum.net
홈페이지 | www.thaehaksa.com

편집 | 조윤형 여미숙 김태훈
마케팅 | 김일신
경영지원 | 김영지

ⓒ 송시현·현서유, 2023. Printed in Korea.

값 13,500원
ISBN 979-11-6810-217-0 43300

"주니어태학"은 (주)태학사의 청소년 전문 브랜드입니다.

책임편집 여미숙
디자인 이유나
그림 시농

※ 이 도서는 한국출판문화산업진흥원의 '2023년 중소출판사 출판 콘텐츠 창작
  지원 사업'의 일환으로 국민체육진흥기금을 지원받아 제작되었습니다.